WORDPRESS

WebShop met  COMMERCE

2026, Roy Sahupala

Belangrijke opmerking

De methodes en programma's in deze handleiding zijn zonder inachtneming van enige patenten vermeld. Ze dienen alleen maar voor amateur- en studiedoeleinden. Alle technische gegevens en programma's in dit boek zijn door de auteur met de grootste zorgvuldigheid samengesteld en na een grondige controle gereproduceerd. Toch zijn fouten niet volledig uit te sluiten. De uitgever ziet zich daarom gedwongen erop te wijzen dat ze noch enige garantie, noch enige juridische verantwoordelijkheid of welke vorm van aansprakelijkheid op zich kan nemen voor gevolgen die voortvloeien uit foutieve informatie. Het melden van eventuele fouten wordt door de auteur altijd op prijs gesteld.

We willen je erop wijzen dat de soft- en hardwarebenamingen die in dit boek worden vermeld, evenals de merknamen van de betrokken firma's meestal door fabrieksmerken, handelsmerken of door het patentrecht zijn beschermd.

Auteur:	R.E. Sahupala
ISBN/EAN:	979-83-448281-2-1
Versie 1:	01-07-2016
Versie 17:	01-26 KDP
NUR-code:	994
Uitgever:	WJAC
Website:	www.wp-books.com/woocommerce

Met speciale dank aan:

Iris van Hattum en Ebbo Sahupala.
En onze poes voor het warm houden van mijn bureaustoel.

INHOUDSOPGAVE

Introductie

Als WordPress-trainer kom ik vaak dezelfde vragen tegen. Vragen zoals; hoe maak ik een multi-talen site? Hoe kan ik een WordPress site verhuizen naar een andere server? Hoe kan ik goed gevonden worden door Google? En ook de vraag... Hoe maak ik een webshop?

In dit boek leg ik uit hoe je met WordPress een webshop kan maken.

Alle oefeningen in dit boek zijn praktisch. Ik laat alleen de belangrijkste onderdelen zien. Deze oefeningen bevatten geen overbodige beschrijving en zijn direct toe te passen.

Wil je nog dieper op WordPress ingaan?
Dan kun je terecht bij **WordPress Codex**.
Een verzameling van alle documentatie gerelateerd aan WordPress.
Zie: **codex.wordpress.org**.

Wil je meer weten over een WordPress webshop?
Dan kun je terecht bij **WooCommerce Documentation**.
Een verzameling van alle documentatie gerelateerd aan WooCommerce.
Zie: **https://docs.woocommerce.com**.

Uitleg voor Mac- en Windows gebruikers.

Voor wie is dit boek?

Dit boek is bedoeld voor iedereen die nog geen of weinig kennis heeft van WordPress, maar wel zelf een website of webshop wil maken en niet afhankelijk wil zijn van ontwikkelaars.

Tip: Neem de tijd! Lees elk hoofdstuk zorgvuldig door voordat je begint met het uitvoeren van de oefeningen.

Benodigdheden

Om dit boek te kunnen gebruiken, heb je de laatste versie van **WordPress** en **WooCommerce** nodig. Je kunt verbinding maken met het CMS-systeem via een **internetbrowser**.

Het wordt aanbevolen om meer dan één browser te installeren, omdat bepaalde functies van WordPress mogelijk niet werken in je favoriete browser. Als dit het geval is, kun je snel overschakelen naar een andere browser.

Alle oefeningen in dit boek zijn getest met de laatste versies van Firefox, Safari, Chrome en Edge.

Doel van dit boek

Dit boek is geschreven voor iedereen die zonder enige technische kennis snel en praktisch een WordPress webshop wil maken.

Dit boek geeft alleen de meest essentiële uitleg. Nadat je voldoende ervaring hebt opgedaan met WordPress en WooCommerce, krijg je meer inzicht en vertrouwen om zelfstandig het systeem verder uit te bouwen.

Kijk regelmatig naar deze site voor extra informatie:
www.wp-books.com/woocommerce

WordPress Installeren

Het installeren van WordPress op het internet gaat op precies dezelfde manier als een WordPress installatie op je eigen computer (zie boek: WordPress Basis). Natuurlijk heb je voor een online installatie een **domeinnaam** en **serverruimte** nodig. Deze kun je aanvragen bij een webhost.

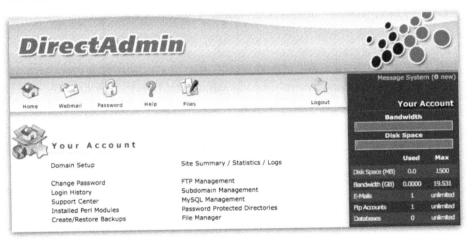

Een voorwaarde voor een online WordPress installatie is dat je webhost beschikt over **PHP** (versie 8.3 of hoger) en **MySQL** (versie 8.0 of hoger). Als je een geschikte hosting hebt, kun je meteen aan de slag. Heb je nog geen domeinnaam en hosting? Ga dan naar **vimexx.nl**.

Na het verkrijgen van een domeinnaam en webhosting ontvang je de nodige gegevens. Weet je niet of er een database voor je is aangemaakt?

Heb je geen idee hoe je dit moet doen? Neem dan contact op met je webhost en vraag of het volgende beschikbaar is:

- Kan ik Wordpress installeren met een auto-installer?
- Zo niet, is er een database beschikbaar en onder welke naam?
- Wat is mijn database-gebruikersnaam?
- Wat is mijn database-wachtwoord?
- Hoe krijg ik toegang tot phpMyAdmin?

Het aanmaken van een **database** en het vinden van **phpMyAdmin** kan lastig zijn bij een online WordPress installatie. Met behulp van AMMPS, MAMP of XAMPP is dit geen probleem, maar bij een online database ben je afhankelijk van je webhost.

De meeste webhosts hebben uitgebreide documentatie over database-beheer, maar persoonlijk contact werkt altijd sneller.

Databasehosting betekent niet noodzakelijk dat er al een database voor je is aangemaakt. Het kan zijn dat jouw webhost al een database heeft aan-gemaakt, maar in andere gevallen moet je zelf een database aanmaken.

Je hebt toegang tot je online phpMyAdmin nodig om later een één-op-één verhuizing tot stand te brengen.

In het volgende hoofdstuk beschrijf ik één installatie-methode: WordPress installatie **MET** auto-installer.

WordPress installatie met een auto-installer

De meeste webhosts hebben een controlepaneel met een auto-installer (zoals Versio of Vimexx) die soms Installatron wordt genoemd. Dit is een onderdeel van het controlepaneel waarmee je zonder enige technische kennis in enkele minuten een CMS-systeem zoals WordPress kunt installeren.

1. Log in op het hosting controlepaneel van je webhost met de inloggegevens die je hebt ontvangen.

2. Vanuit de homepage, ga naar **Addvanced Features > Softaculous Apps Installer**. Klik daarna op **WordPress**.

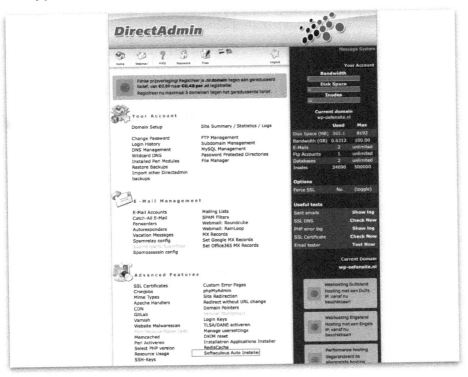

3. Je krijgt nu WordPress-informatie te zien en de mogelijkheid om het systeem te installeren.

Klik op de knop **Installeer** of **Installeer nu**.

4. Doorloop vervolgens de installatieprocedure.

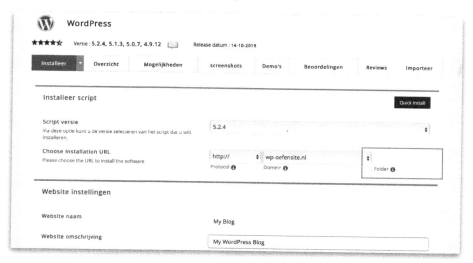

Tip: wil je de website direct onder het domeinnaam installeren, laat dan bij **Choose Installation URL** het veld **Folder** leeg.

Bij **Admin account** verander je **Gebruikersnaam** en **Wachtwoord**.

Tip: maak het wat moeilijker voor hackers.

5. Klik helemaal onderaan op de knop **Installeer**.

6. Na installatie krijg je een bevestiging te zien met twee URL's.

Deze verwijzen naar de website en het administratieve gedeelte.

7. Log uit wanneer je klaar bent (rechtsboven in het scherm).

WordPress voorkant

Je gaat kijken naar de voorkant (front-end) van WordPress. Heb je Word-Press op het internet geïnstalleerd, open dan een browser en ga naar de website. Je ziet een standaard WordPress site. Deze site maakt gebruik van een standaard thema genaamd Twenty Twenty-Five.

In het thema is onder andere het volgende te zien:

- Sitetitel

- Site omschrijving

- Navigatie-menu

- Blogbericht

- Widgets met daarin:

  - Zoekveld

  - Meest recente berichten

  - Recente reacties

  - Archief

  - Categorieën

  - Meta

- Een footer.

Het thema is geschikt voor zowel computerschermen, tablet-schermen als smartphone-schermen. Het is een opmaak die zich aanpast aan de schermgrootte van het apparaat dat je gebruikt.
Deze techniek heet *Responsive Design*.

De site met het standaard thema laat zien wat er zoal met WordPress mogelijk is. Je kunt meteen aan de slag. Zoals je kunt zien ligt de focus van WordPress op het maken van een weblog. Een beheerder kan met WordPress berichten publiceren waarop lezers kunnen reageren.

Berichten worden per maand gearchiveerd. Naast het maken van een blogsite kun je ook informatieve pagina's aanmaken en beheren. Dit laatste is wat vele andere CMS-systemen ook doen.

Een webshop heeft een webshop-thema nodig. In het hoofdstuk **Thema en Voorbeeldproducten** vind je informatie hoe je van Thema kunt veranderen.

WordPress achterkant

In dit hoofdstuk gaan we de "achterkant" (backend) van WordPress nader bekijken.

Open een Internetbrowser en gebruik het volgende adres:

http://www.jouw_website.nl/wp-admin

Met **/wp-admin** ga je naar de achterkant van het systeem. Bij het inloggen krijg je het volgende te zien:

Om in te loggen heb je natuurlijk wel je inloggegevens nodig:

▸ Gebruikersnaam = **admin_naam**

▸ Wachtwoord = **admin_wachtwoord**

▸ Klik op **Inloggen**.

Welkom bij je nieuwe WordPress website!

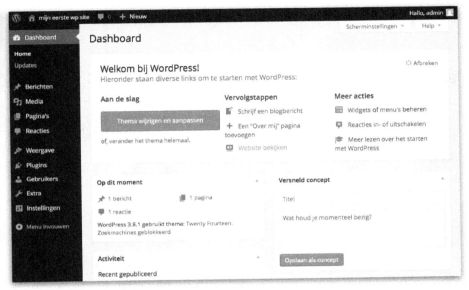

Je zit nu in de backend van het systeem. Je ziet een startpagina met algemene informatie. Deze pagina wordt door het systeem **Dashboard** genoemd. Vanuit dit scherm word je op de hoogte gehouden van de laatste WordPress-ontwikkelingen.

Het belangrijkste deel van deze pagina staat links. De zwarte kolom met daarin de opties die je nodig hebt om het systeem aan te passen en de site te voorzien van de nodige informatie. Dit is het **menu** van WordPress.

Dashboard

Het menu van WordPress heet Dashboard.
Dit menu is verdeeld in drie blokken.

Blok 1:
De **Home** knop en **Updates**.

Blok 2:
Een aantal menu-opties waarmee je het
systeem kan voorzien van informatie,
zoals: **Berichten**, **Media**, **Pagina's** en
Reacties.

Blok 3:
Een aantal menu-opties waarmee je het
systeem kan aanpassen of configureren,
zoals: **Weergave**, **Plugins**, **Gebruikers**,
Extra en **Instellingen**.

Site bekijken:
Linksboven in het scherm klik op **Titel site > Site bekijken**.

WordPress Updates

Nadat WordPress is geïnstalleerd, is het aan te bevelen om het systeem te updaten. Door het systeem regelmatig bij te werken wordt het minder gevoelig voor hackers. Niet alleen wordt het systeem geüpdatet, maar ook plugins en thema's moeten worden bijgewerkt.

Het cijfer naast **Updates** geeft het aantal beschikbare updates aan. Het cijfer naast **Plugins** geeft het aantal beschikbare plugin-updates aan.

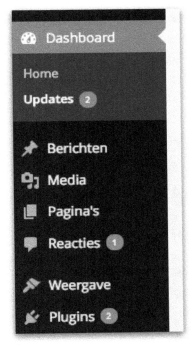

Klik op **Updates**.
Je krijgt dan het volgende scherm te zien:

Is er een nieuwe versie van WordPress beschikbaar? Klik dan op de knop **WordPress bijwerken**. Vanaf versie 3.7 wordt het systeem automatisch bijgewerkt.

Zijn er nieuwe plugins beschikbaar die momenteel in gebruik zijn, geef dan eerst aan welke plugin je wilt bijwerken en klik daarna op de knop **Plugins bijwerken**.

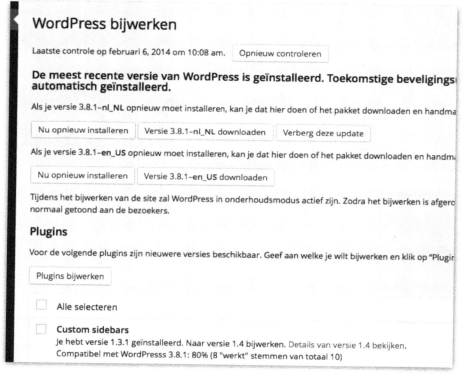

Ditzelfde geldt natuurlijk ook voor het bijwerken van thema's. Het is aan te bevelen om regelmatig updates uit te voeren. Het systeem wordt hierdoor minder gevoelig voor hackers en eventuele systeemfouten worden verwij-derd. Ook worden er nieuwe systeemuitbreidingen toegevoegd.

WebShop - WooCommerce

Met een e-commerce plugin is het mogelijk om van een WordPress site een webshop te maken. Er zijn een aantal e-commerce plugins waarmee dit mogelijk is. **WooCommerce** is één van de betere plugins. Van alle online webshops op het internet is inmiddels 20% een WooCommerce website. Een groot voordeel ten opzichte van andere e-commerce systemen is dat het beschikt over vele extensies en thema's waarmee je een webshop kunt optimaliseren.

Daarnaast beschikt het ook over een uitstekende documentatie. Deze is te vinden via **http://docs.woothemes.com**

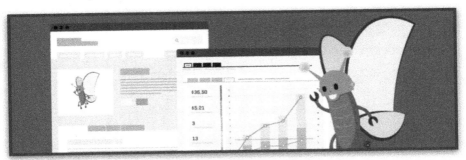

WooCommerce is in 2011 door WooThemes uitgegeven en is inmiddels één van de meest populaire webshop-systemen. Automattic, het bedrijf achter WordPress.com, is sinds 2015 eigenaar van deze plugin.

Net als WordPress is WooCommerce Plug and Play.
WooCommerce is een gratis webshop systeem waarmee een klant op gebruikelijke wijze een product kan kopen.

Om te betalen klikt een klant op een winkelmandje. Tijdens het afrekenen zie je dat je niet met iDEAL of Bancontact kunt betalen. Dit betekent dat je iDEAL/Bancontact als extra extensie in WooCommerce moet installeren. Daarnaast kan het zijn dat het standaard thema niet aansluit bij een web-shop. Dit betekent dat je op zoek moet gaan naar een geschikt webshop thema. Wil je afwijken van de standaard WordPress plugins, dan kun je op zoek gaan naar diverse WooCommerce extensies.

Hoewel er een groot aantal gratis WooCommerce thema's en extensies beschikbaar zijn, zul je in veel gevallen voor een thema of extensie moeten betalen. Gelukkig zijn de kosten over het algemeen niet hoog. Voor een WooCommerce thema betaal je gemiddeld €80,-, voor een extensie €60,-. Een niet al te hoge prijs voor een professionele uitstraling en oplossing.

Ga naar https://woocommerce.com/product-category/themes en https://woocommerce.com/product-category/woocommerce-extensions om te zien wat zij aan thema's en extensies hebben.

Installeren

Ga naar: **Dashboard > Plugins > nieuwe Plugin**.

WooCommerce	Nu installeren
Alles dat je nodig hebt om binnen dagen een online winkel te starten en deze jarenlang te laten groeien. Vanaf je eerste verkoop tot miljoenen in omzet, Woo is bij je.	Meer details
Door Automattic	

Typ in het zoekveld **WooCommerce**.

Klik daarna op de knop **Nu installeren** en **Activeren**.

Je krijgt een **Installatie wizard** te zien. Maak geen gebruik van de Wizard! WooCommerce handmatig configureren gaat net zo snel.

Klik op **Begeleide configuratie overslaan**.

Selecteer *Nederland* of *België* en klik op de knop **Ga naar Mijn winkel**.

Ga daarna naar **Dashboard > WooCommerce > Instellingen.** De tab **Algemeen** is geactiveerd.

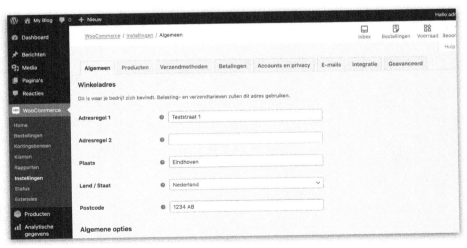

Op de volgende pagina is te zien wat je kunt invoeren.

22

WordPress WooCommerce

| **Algemeen** | Producten | Verzendmethoden | Betalingen | Accounts en privacy | E-mails | Integratie | Geavanceerd |

Winkeladres

Dit is waar je bedrijf zich bevindt. Belasting- en verzendtarieven zullen dit adres gebruiken.

Adresregel 1   ❷   Teststraat 1

Adresregel 2   ❷

Plaats   ❷   Eindhoven

Land / Staat   ❷   Nederland   ⌄

Postcode   ❷   1234 AB

Algemene opties

Verkooplocatie(s)   ❷   Verkopen aan specifieke landen   ⌄

Verkopen aan specifieke landen   × Nederland

Alles selecteren   Niets selecteren

Verzendlocatie(s)   ❷   Verzend naar alle landen waaraan je verkoopt   ⌄

Standaard klantlocatie   ❷   Winkelbasisadres   ⌄

Activeer belastingen   ☐ Belastingtarieven en -berekeningen inschakelen

De tarieven kunnen worden aangepast en belastingen worden tijdens het afrekenen berekend.

Coupons inschakelen   ☑ Schakel het gebruik van kortingsbonnen in

Kortingsbonnen kunnen toegepast worden vanaf de winkelmand- en afrekenpagina's.

☐ Kortingsbonnen cumulatief toepassen

Bij gebruik van meerdere kortingsbonnen wordt de eerste kortingsbon toegepast op het volledige bedrag, de tweede kortingbon op het gereduceerde bedrag, enzovoort.

Valuta-opties

De volgende opties bepalen hoe de prijzen getoond worden aan de klant.

Valuta   ❷   Euro (€)   ⌄

Positie van valutasymbool   ❷   Links   ⌄

Duizendtalscheiding   ❷   .

Decimaalscheiding   ❷   ,

Aantal decimalen   ❷   2 ⌄

Wijzigingen opslaan

Winkeladres

Adres, Plaats, Land en Postcode.

Algemene opties

Verkooplocatie - Verkopen aan specifieke landen - Nederland.

Verzendlocatie - Verzend naar alle landen waaraan je verkoopt.

Coupons - activeren.

Valuta-opties

Valuta - Euro (€).

Duizendtalscheiding - .   (Let op! **punt** in plaats van **komma**).

Decimaalscheiding - ,   (Let op! **komma** in plaats van **punt**).

Klik op de knop **Wijzigingen opslaan**.

Thema en Voorbeeldproducten

Een webshop heeft een webshop-thema nodig.

Ga naar: **Dashboard > Weergave > Thema's**.

Klik op de knop **Nieuwe toevoegen**.

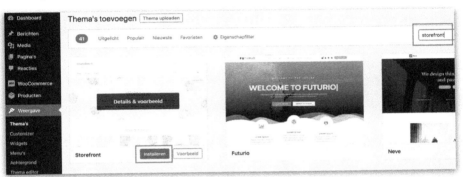

Typ in het tekstveld **Storefront**. Klik daarna op de knop **Installeren** en **Activeren**. Klik op **Site bekijken**.

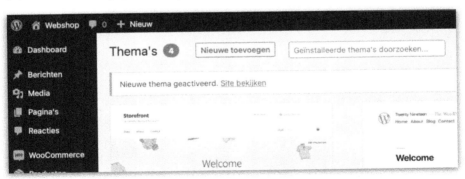

Het customizen van je webshop mag je later zelf onderzoeken.

Ga hiervoor naar **Dashboard > Thema's > Customizer**.

Voorbeeldproducten importeren

Om het systeem beter te leren kennen, ga je dit te voorzien van voorbeeld-producten. Download een CSV-bestand. Ga naar: **wp-books.com/woo-commerce**, download **sample_products.csv**. Klik met de rechtermuis-knop en kies *Opslaan als…* Let op bestand eindigt met **.csv**.

Ga daarna naar **Dashboard > Producten**.

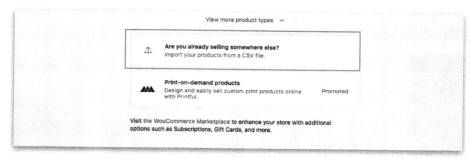

Klik op **Importeer uw producten vanuit een CSV-bestand**.

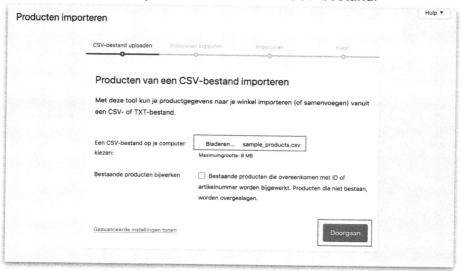

Selecteer het CSV bestand en klik op knop **Doorgaan**.

In het scherm *Kolommen koppelen* scroll je direct naar beneden.

Klik daarna op de knop **De importeerfunctie uitvoeren**.

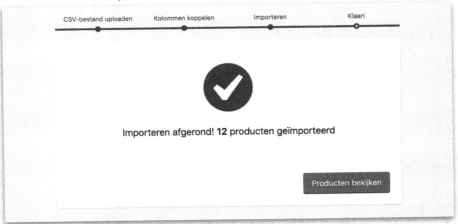

Even wachten... Importeren is afgerond!

Voorbeeld navigatiemenu

Als het StoreFront thema geen navigatiemenu heeft, kun je het volgende doen. Als je wel een navigatiemenu hebt, kun je dit gedeelte overslaan.

Het is handig om een navigatiemenu te hebben. Door pagina's te importeren, wordt automatisch een navigatiebalk gegenereerd. Je hoeft geen pagina's aan te maken. Ga naar **wp-books.com/woocommerce** bestand **navigatiebalk.xml**. Sla het bestand op als een **.xml-bestand**.

Ga daarna naar: **Dashboard > Gereedschap > Importeren**.

Bij **WordPress** klik op **Nu Installeren**. Daarna op **Begin met importeren**.

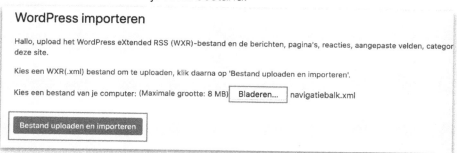

Selecteer met **Bladeren** je XML bestand.

WordPress importeren

Hallo, upload het WordPress eXtended RSS (WXR)-bestand en de berichten, pagina's, reacties, aangepaste velden, categor deze site.

Kies een WXR(.xml) bestand om te uploaden, klik daarna op 'Bestand uploaden en importeren'.

Kies een bestand van je computer: (Maximale grootte: 8 MB) [Bladeren...] navigatiebalk.xml

[Bestand uploaden en importeren]

Klik daarna op **Bestand uploaden en importeren**.

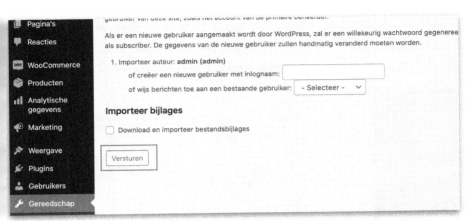

Vanuit het bovenstaande scherm klik op **Versturen** en **bekijk je site**.

Klik op menu-item **Startpagina** om voorbeeldproducten te zien.

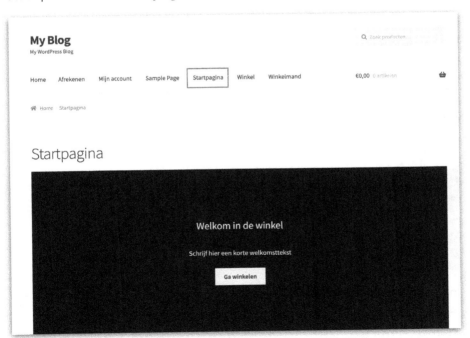

Zoals je misschien hebt opgemerkt werkt menu-item **Winkel** niet.

Dit komt omdat het nog niet is ingesteld als **Winkelpagina**.

Ga naar **Dashboard > WooCommerce > Instellingen**.

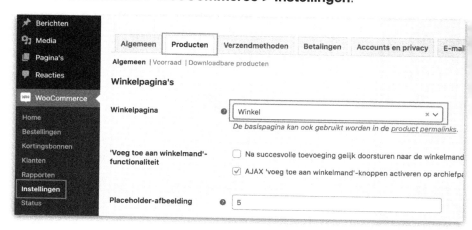

Bij de tab **Producten** - **Winkelpagina**: selecteer de pagina **Winkel**.

Het wordt daardoor eenvoudiger om je webshop te verkennen.

Bij de tab **Geavanceerd - Pagina-instellingen** kun je de pagina's **Win-kelmand**, **Afrekenen** en **Mijn Account** selecteren, zodat WooCommerce weet waar gebruikers heen geleid moeten worden tijdens het afrekenen.

In het hoofdstuk **Navigatiebalk** kun je lezen hoe je een navigatiemenu kan maken en aanpassen.

Webshop bekijken

De webshop is voorzien van voorbeeldproducten. Met deze producten kun je zien hoe een webshop is opgebouwd en hoe je dit kunt aanpassen. Dezelfde winkel/structuur kun je later gebruiken om je eigen webshop op te bouwen.

Ga naar de website en klik op **Winkel** om je producten te zien. De winkel bestaat uit een aantal producten, waaronder kleding en accessoires. Vanuit een overzichtspagina kun je direct een product in een winkelmand plaatsen.

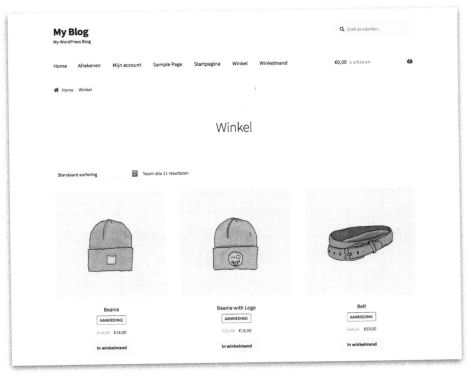

Daarnaast kun je gebruik maken van een **standaard sortering**. Klik op een product, bijvoorbeeld een **Hoodie**.

Een productpagina bestaat uit een **productfoto**, een **titel, klantenbeoordelingen**, **productbeschrijving** en de mogelijkheid om het product in een **winkelmand** te plaatsen.

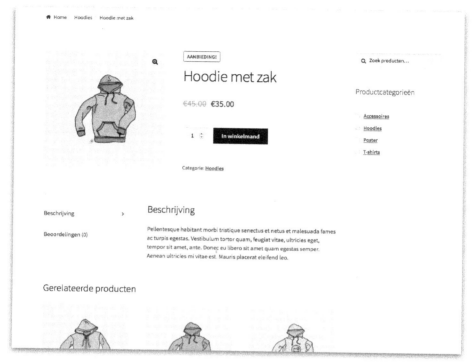

Blijkbaar is er maar 1 maat en kleur van het product. In het hoofdstuk **Product variaties** laat ik zien hoe je meerdere **eigenschappen** zoals **Maat** en **Kleur** aan een product kunt geven.

Verder zie je een extra **productbeschrijving, voorgestelde** producten, **gerelateerde** producten en een link naar **klantenreviews**.

Configureren

Ga naar: **Dashboard > WooCommerce > Instellingen**.
Klik op de tab **Algemeen**. Vanuit dit venster kun je het een en ander aanpassen, bijvoorbeeld onderdelen als **Verkooplocatie** maar ook de gewenste **valuta aanduiding**. Vergeet niet **Duizendtal-** en **Decimaal-scheiding** aan te passen. Met de andere tabs kun je o.a. **Belasting-Verzend** opties en **Afreken** procedures aanpassen.

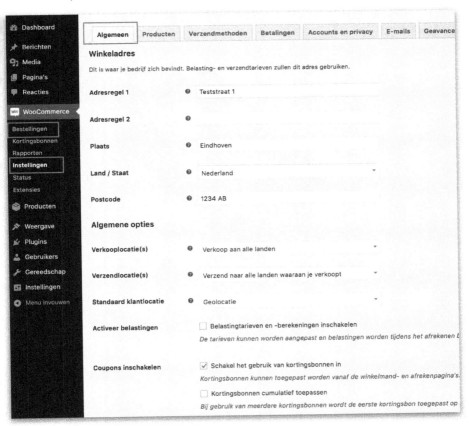

Klik daarna op de knop **Wijzigingen opslaan**.

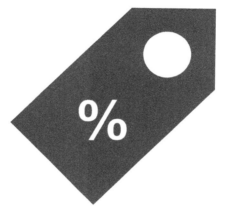

Belasting

Tijdens het installeren van WooCommerce is nog geen belastingtarief ingesteld. In dit hoofdstuk ga je zelf een belastingtarief invoeren. Uitgaande van
dit tarief wordt de totale prijs van het product gegenereerd.

Ga naar **Dashboard > WooCommerce > Instellingen.**
Bij tab **Algemeen - Activeer belastingen en belastingberekeningen.**

Klik daarna op de knop **Wijzigingen opslaan.**

Een extra tab met de naam **Belasting** is toegevoegd. Klik op deze tab.
Hieronder vind je 4 opties:

Je kunt drie btw-tarieven toepassen:

Een **Standaard** tarief: Van toepassing op goederen en diensten.

Een **Gereduceerd** tarief: Van toepassing op zaken als voedsel en boeken.

Een **Nultarief**: Voor het importeren/exporteren van goederen.

Belastingopties

Bij een *Business to Consumer* webshop, **Activeer** bij **Prijzen ingevoerd met belastingen** de optie **Ja, ik wil prijzen inclusief belasting...**

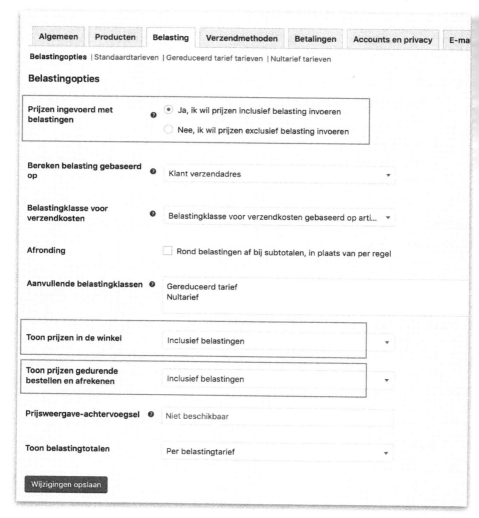

Bij *Business to Business* doe je precies het tegenovergestelde.

Neem het bovenstaande over. Toon prijzen **inclusief belastingen**.

Klik daarna op de knop **Wijzigingen opslaan**.

In Nederland zijn er drie BTW-tarieven van toepassing:

▸ **21%** Standaard tarief, voor goederen en diensten.

▸ **9%** Reduced rate (laag) tarief, voor o.a. voedingsmiddelen en boeken.

▸ **0%** Zero Rate tarief, voor het importeren/exporteren van goederen.

Onder Tab Belastingen - klik op **Standaardtarieven**.

Standaardtarieven

Het algemeen btw-tarief in Nederland is 21% en geldt voor alle goederen en diensten. Vanuit dit venster kun je een standaardtarief aanmaken.

Klik op de knop **Voeg rij toe**

Landcode - **NL** (of BE)
Belasting in % - 21
Belastingnaam - **BTW 21%**

Je mag dit tarief ook laten gelden voor de **Verzendmethoden**.
In dit geval is deze optie **niet** geactiveerd.

Klik na het aanmaken op de knop **Wijzigingen opslaan**.

Reduced Rate Tarieven

Het 9% tarief is voor goederen en diensten waarvan de overheid wil dat ze voor iedereen toegankelijk zijn zoals voedsel of goederen en diensten met een culturele waarde, zoals boeken of een museumbezoek.

Het aanmaken van een Reduced Rate Tarief gaat op dezelfde wijze als bij een Standaard tarief.

Belasting in % - 9

Belastingnaam - BTW 9%

Zero Rate Tarieven

Het 0% tarief is voor goederen en diensten die een ondernemer importeert of exporteert van of naar een ander land. De consument betaalt de btw over deze goederen en diensten.

Het aanmaken van een Zero Rate tarief gaat op dezelfde wijze als bij een Standaard tarief.

Belasting in % - 0

Belastingnaam - BTW 0%

Navigatiebalk

De navigatiebalk wordt automatisch gegenereerd. Wil je graag een andere volgorde ga dan naar: **Dashboard > Weergave > Menu's**.

Bij **Menunaam** vul je een nieuwe naam in, bijvoorbeeld *Hoofdmenu*. Klik daarna op **Menu aanmaken**.

Pagina's worden niet automatisch toegevoegd aan het menu.
Bij **Pagina's** Klik op de tab **Alles Tonen**.

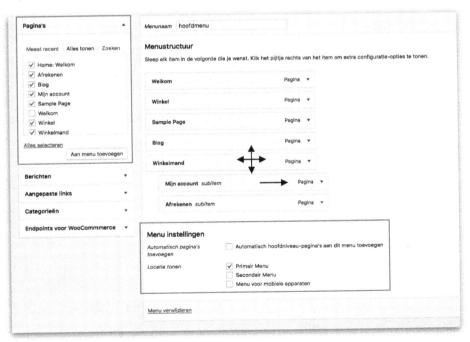

Selecteer alle pagina's. Klik daarna op de knop **Aan menu toevoegen**.
Bij **Menu instellingen** kies je voor **Primair Menu**.

Pas de volgorde van het menu aan door een menu-item op te pakken en te verplaatsen. Verplaats je een menu-item iets naar **rechts** dan wordt dit een sub-item van het bovenstaande menu-item. In dit geval is **Mijn account** en **Afrekenen** een sub-item van **Winkelmand**.

Wil je een andere **Navigatielabel**, bijvoorbeeld **Wie zijn we** in plaats van **Sample Page** klik dan op de **pijl-icoon** om van naam te veranderen.

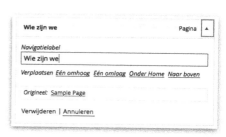

Is het menu aangepast klik dan op **Menu opslaan** en bekijk de website.

Tip: Ga naar **Dashboard > Pagina's > Nieuwe pagina**. Maak een pagina aan met de naam **Welkom**. Deze pagina bevat geen content.

Homepage aanpassen

Je meest recente berichten worden weergegeven op de startpagina. Je kunt deze bewerken. Ga naar: **Dashboard > Pagina's**. Maak een nieuwe pagina (zonder inhoud) met de titel **Welkom**. Ga daarna naar: **Dashboard > Instellingen > Lezen.**

Onder **Lezen Instellingen**, wordt je startpagina weergegeven: **Je laatste berichten** of **Een statische pagina**.

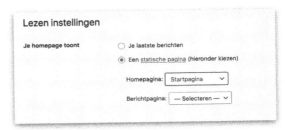

Selecteer in dit geval **Een statische pagina** met **Welkom** als Homepagina. Ga daarna naar: **Dashboard > Pagina's - Welkom**.

Selecteer onder **Pagina -atributten** de **Template - Homepagina**. Klik daarna op de knop **Updaten**.

Klik op het **WordPress-icoon** linksboven in het venster om terug te keren naar het Dashboard.

Bekijk de website.

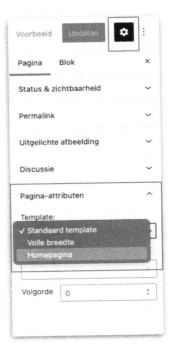

Productcategorieën

Met WooCommerce kun je gebruikmaken van productcategorieën.
Een bezoeker kan hiermee het juiste product sneller vinden.

Een productcategorie kan voorzien worden van een beschrijving en afbeelding. Een thema bepaalt of dit wel of niet wordt getoond. De voorbeeldbestanden zijn voorzien van een aantal categorieën.

Ga naar: **Dashboard > Producten > Categorieën**.

Door op een categorie-item te staan zie je de verschillende bewerkingsopties: **Bewerken | Snel bewerken | Verwijderen | Bekijken**.

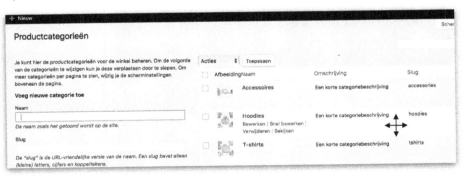

Je kunt hier de productcategorieën voor je winkel beheren.
De volgorde van de categorieën kun je wijzigen door deze te slepen.

Denk goed na over de indeling van jouw webshop.

Productcategorie toevoegen

Geef je nieuwe categorie een **Naam** b.v. *Posters*.

Bij **Slug** mag je het tekstveld leeg laten. Een slug is een URL-vriendelijke versie van de naam. Door dit veld leeg te laten wordt jouw url voorzien van je categorienaam b.v. *www.uw_webshop.nl/broeken*.

Bij **Hoofd** geef je aan wat de hoofdcategorie is, in dit geval is dit **Geen**.

Bij **Beschrijving** kan je product-informatie plaatsen.

Bij **Weergavetype** kies je voor *Standaard*.

Hiermee geef je aan hoe een categorie wordt vertoond.

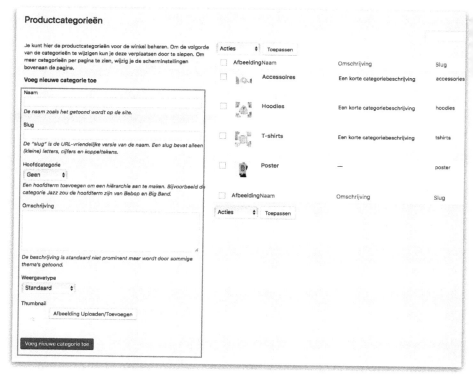

Bij **Thumbnail** kun je een categorie voorzien van een afbeelding.

Klik daarna op de knop **Voeg nieuwe categorie toe**.

Productcategorieën toevoegen aan het menu

Nu we weten dat de shop beschikt over productcategorieën, willen we hiervan gebruikmaken. Het is handig om alle productcategorieën op te nemen in het navigatiemenu van de website.

Ga naar: **Dashboard > Weergave > Menu's**.

Klik rechtsboven het scherm op **Schermopties**.

Selecteer **Productcategorieën**.

In je linkerkolom verschijnt **Productcategorieën**.

Klik op het **pijltje** om je categorieën te zien.

Klik op het tabje **Alles Tonen**. Klik daarna op **Alles selecteren** (behalve *Geen categorie*). Klik daarna op **Aan menu toevoegen**.

Pas de volgorde van het menu aan door een menu-item op te pakken en te verplaatsen.

Verplaats je een menu-item iets naar **rechts** dan wordt dit een sub-item van het bovenstaande menu-item **Winkel**.

Neem de volgorde over. Klik daarna op de knop **Menu opslaan**.
Zoals je kan zien is menu-item **Winkel** voorzien van submenu-items namelijk de productcategorieën.

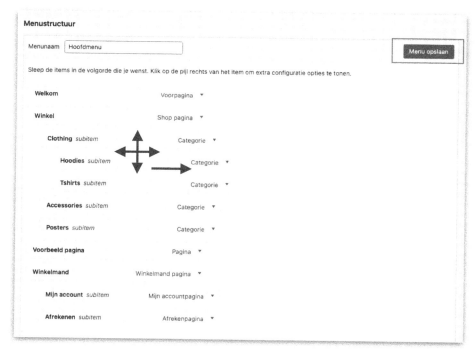

Bekijk de website.

Producten

Ga naar: **Dashboard > Producten**. Je krijgt alle producten te zien. Op dit niveau kun je een **Product toevoegen, Importeren** en **Exporteren**.

Kies een product uit b.v. **T-shirt** en klik op **Bewerken**.

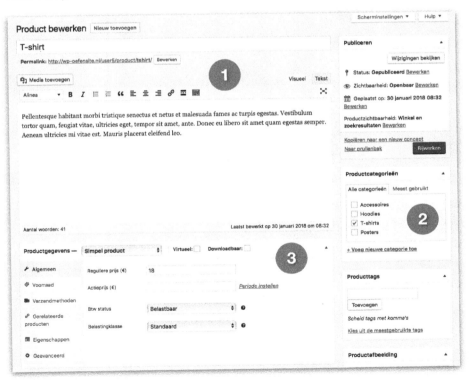

Zoals je kan zien zijn er verschillende onderdelen:

1. Product Naam en Beschrijving.

2. Productcategorieën.

3. Productgegevens, *Simpel product.* - o.a. Reguliere prijs.

4. Korte productomschrijving.

5. Productafbeelding.

6. Beoordelingen.

7. Productgalerij.

Wil je standaard producten verkopen dan mag je gebruik maken van dezelfde structuur en instellingen.

Product toevoegen

We gaan een standaard product toevoegen.
In dit geval een poster.

Ga naar:
Dashboard > Producten > Nieuw toevoegen.

Geef je product een **Naam** en een **Lange productomschrijving**.

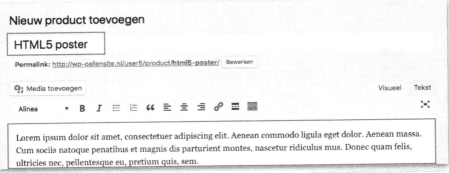

Rechts bij **Productcategorieën** kies je voor
de juiste categorie in dit geval **Posters**.

Helemaal onderaan geef je een product een
Korte productomschrijving

De plaatsing van de lange of korte omschrijving
is afhankelijk van het thema.

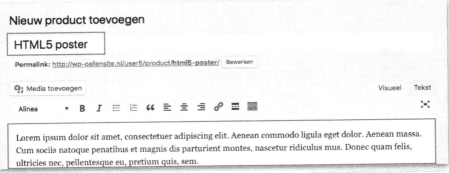

 Bij **Productafbeelding** klik op
Productafbeelding instellen.

Sleep vanuit je desktop een nieuwe productafbeelding in het scherm.

Selecteer daarna je afbeelding en klik op **Productafbeelding instellen**.

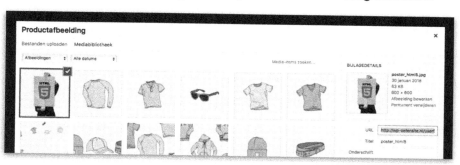

Ben je klaar, vergeet dan niet op de knop **Publiceren** te klikken.

 We gaan verder met
het volgende onderdeel
Productgegevens.

Productgegevens

Bij **Productgegevens - Producttype** geef je aan wat het product is.
In dit geval kies je voor **Simpel product**.

Hieronder een korte uitleg over de verschillende producttypes:

- **Simpel product** is een eenvoudig product zonder extra eigenschappen zoals maat of kleur. Bijvoorbeeld een t-shirt of poster.

- **Gegroepeerd product** is een verzameling van verwante simpel producten. Het is hiermee bijvoorbeeld mogelijk om een product per stuk of per doos te verkopen.

- **Extern/Affiliate product** is een product dat door een ander bedrijf wordt verkocht maar te koop is op je eigen website.

- **Variabele product** is een product dat verschillende varianten heeft zoals bijvoorbeeld een t-shirt verkrijgbaar in verschillende maten en kleuren.

Algemeen

Met het tabje **Algemeen** worden belangrijke gegevens ingevoerd.
Zoals:

- **Reguliere Prijs** – Verkoopprijs.

- **Actieprijs** – Verkoopprijs minus korting.

- **Btw status** - Hiermee wordt aangegeven of het gehele product belast wordt met btw of alleen de verzendkosten.

- **Belastingklasse** - Hiermee wordt een belastingklasse aangegeven om verschillende belastingtarieven toe te kennen. Bijvoorbeeld: Producten - 21% btw en Boeken - 6% btw.

In dit geval is de **Reguliere prijs** van het product 12,- Euro incl. BTW.

Vergeet niet op de knop **Updaten** (onder Publiceren) te klikken.

Voorraad

Met het tabje **Voorraad** kun je de **Voorraad beheren**. En het product voorzien van een **Artikelnummer** (SKU). Is **Voorraad beheren?** geactiveerd dan krijgt een bezoeker te zien dat het product voorradig is.

Met **Voorraadhoeveelheid** mag je het **Aantal** invoeren. Dit aantal is op een productpagina te zien. Hoeveelheid van de voorraad kun je ook uitzetten. Hiervoor moet je zijn bij **Dashboard > WooCommerce > Instellingen - tab Producten**. Klik op **Voorraad.**

Bij **Voorraad weergavenotatie** selecteer **Toon nooit de hoeveelheid...**

Is het product **Uitverkocht** dan krijgt de bezoeker dit te zien.
Het is dan niet meer mogelijk om het product te bestellen

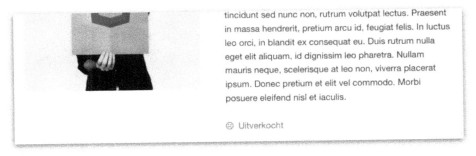

Verzendmethoden

Met de tab **Verzendmethoden** kun je gegevens invoeren die nodig zijn voor het verzenden van het bestelde product. Dit kan van invloed zijn op de totale prijs. Zoals je kan zien mag je het volgende invullen:

- **Gewicht** – Totale gewicht van het pakket.

- **Afmetingen** – Lengte, breedte en hoogte van het pakket.

- **Verzendklasse** – Verzendregels op basis van gewicht en of afmeting.

Verstuur je het product gratis vanaf een bepaald bedrag, dan kun je deze velden leeg laten. De meeste webshops kiezen voor deze methode. Hierdoor zal een klant net iets meer kopen.

Wil je uitgaande van het product gewicht/afmeting de verzendkosten bepalen dan is het nodig om deze gegevens in te vullen.

Tijdens het installeren is gekozen voor een gratis verzendmethode. In het hoofdstuk **Verzendmethoden** gaan we kijken naar verschillende verzendmethodes.

Gerelateerde producten

Met **Up-sells** en **Cross-sells** kun je gerelateerde producten promoten. Je mag producten toevoegen aan een product- of winkelwagenpagina. Dit doe je door te zoeken en te selecteren van een product uit een lijst.

Up-sells:

Zijn gerelateerde producten die worden aanbevolen. Bijvoorbeeld producten die een aanvulling zijn of soortgelijke producten. De weergave daarvan is afhankelijk van het thema. Meestal wordt dit weergegeven op de productpagina onder de korte beschrijving.

Cross-sells:

Zijn gerelateerde producten die in de winkelwagentje te zien zijn nadat een product is toegevoegd. De weergave daarvan is afhankelijk van het thema. Meestal is dit te zien onderaan je winkelwagenlijst.

Het is handig om te weten wat de naam is van een gerelateerd product.

daarvoor plaats je de **cursor** in het **Up-sells** veld en typ het woord *logo* in. Een aantal producten verschijnen. **Selecteer** een gerelateerd product.

Herhaal dit proces totdat je een aantal producten hebt samengesteld.

Klik op de knop **Bijwerken**.

Bestel een product (met Cross-sells) en bekijk je winkelmand.

Zoals je kan zien is je winkelmand voorzien van een gerelateerd product.

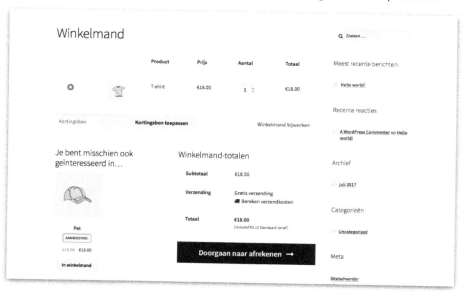

Eigenschappen

Met **Eigenschappen**, kan je attributen aan een product toewijzen.

Met attributen wordt bedoelt producteigenschappen zoals kleur en maat.

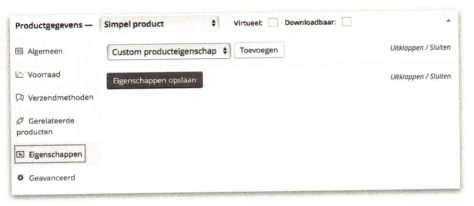

In dit geval heeft onze poster geen attributen nodig.

In het hoofdstuk **Product variaties** gaan we gebruik maken van
Eigenschappen die nodig zijn om een product in de juiste **Kleur** en **Maat**
te bestellen.

Geavanceerd

In dit geval maken we geen gebruik van deze optie.

Hieronder een overzicht van de mogelijkheden.

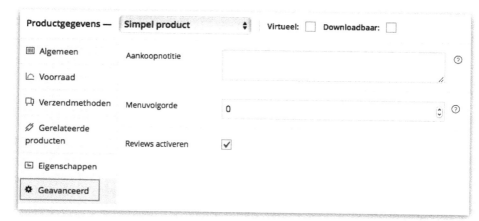

- ⊙ **Aankoopnotitie** – Een e-mail bericht aan de klant na aankoop van een product (hiermee wordt een standaard bericht overschreven).

- ⊙ **Menuvolgorde** – Aangepaste volgorde van producten.
  0 wordt eerst vertoond, daarna 1, 2, 3 etc.
  Let op, alle producten beginnen met 0.
  Je mag ook gebruik maken van -1, -2, -3 etc.

- ⊙ **Reviews activeren** – het in/uitschakelen van de klantenbeoordeling van het product.

Wil je alle producten reviews uitschakelen ga dan naar:
Dashboard > WooCommerce > Instellingen.
Klik op de tab **Producten** - **Algemeen**

Deactiveer de bovenstaande optie.

Gegroepeerd Product

Een gegroepeerd product is een verzameling van verwante Simpel producten. Het is aan te bevelen om een gegroepeerd product te maken wanneer je een product verkoopt die hetzelfde zijn, bijvoorbeeld een TV verkrijgbaar in verschillende formaten: 32, 43, of 50 inch. In dit hoofdstuk ga je een gegroepeerd product maken van een aantal t-shirts.

Product toevoegen

Ga naar: **Dashboard > Producten > Nieuw toevoegen**.
Geef je product een naam b.v. **T-Shirts** en een productomschrijving.

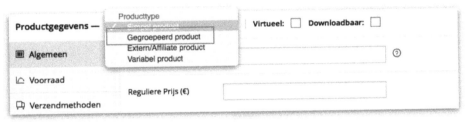

Bij **Productgegevens** geef je aan wat het product is. In dit geval kies je voor **Gegroepeerd product**. Een **Reguliere prijs** is niet nodig.

Klik daarna op de tab **Gerelateerde producten**.

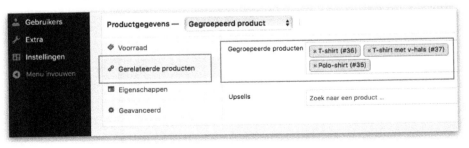

Bij **Gegroepeerde producten** kies je voor 3 t-shirts.

66

Geef je product een productafbeelding.

Vergeet niet het product te koppelen aan een categorie.

Klik daarna op de knop **Publiceren**. Bekijk de site.

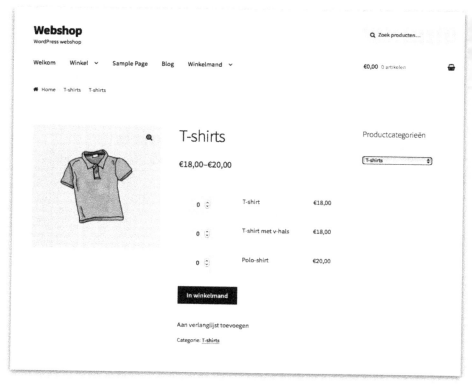

Zoals je ziet heb je van 3 t-shirts een gegroepeerd product gemaakt.

Een bezoeker ziet meteen welke t-shirts beschikbaar zijn.

Variabel Product - Maat en Kleur

Hoe maak je een variabel product b.v. 1 T-shirt bestaande uit 3 kleuren en 3 maten. In dit geval maken we eerst **Eigenschappen** aan.

Ga naar: **Dashboard > Producten > Eigenschappen**.

Geef je nieuwe **Eigenschap** de naam **Maat**.

Klik daarna op de knop **Eigenschap toevoegen**.

Ga daarna naar de eigenschap **Maat**. Klik op **Voorwaarden instellen** om verschillende maten toe te voegen.

Maat	maat	Selecteer	Aangepaste	Large, Medium, Small
Bewerken |			volgorde	Voorwaarden instellen
Verwijderen				

Vanuit dit scherm kan je onder **Naam** een maat toevoegen.

Ben je klaar, klik dan op de knop **Nieuwe maat toevoegen**.

Zoals je kan zien beschikken we over de maten **Small**, **Medium** en **Large**.

De eigenschap **Kleur** en Voorwaarden: **Rood, Geel en Blauw** mag je daarna op dezelfde wijze aanmaken.

Naam	Afkorting	Type	Sorteer op	Termen
Kleur	kleur	Selecteer	Aangepaste volgorde	Blauw, Geel, Rood Voorwaarden instellen
Maat	maat	Selecteer	Aangepaste volgorde	Large, Medium, Small Voorwaarden instellen

Nadat alle **Eigenschappen** zijn aangemaakt ga je een nieuw product toevoegen.

Product toevoegen

Je gaat een nieuw product toevoegen. Je noemt dit **HTML5 T-shirt**.
In dit geval gaan we uit van een t-shirt beschikbaar in **3 kleuren**;
rood, geel en *blauw* en **3 maten**; *Small, Medium* en *Large*.
Van elke kleur heb je 9 t-shirts op voorraad. 3 t-shirts per maat.
We gaan een **variabele product** zo instellen dat ook de prijs anders
wordt. Laten we uitgaan van 1 euro extra per maat.
S = 20,- M = 21,- en L = 22,-. Je gaat uit van **9 variaties**.

Ga naar: **Dashboard > Producten > Nieuw toevoegen**

Geef je product een **Titel**: *HTML5 T-shirt* en een **lange omschrijving**. Bij **Productcategorieën** selecteer je **T-shirt** (kleur is momenteel niet belangrijk). Maak een **Productafbeelding** en **Productgalerij** aan.

Op de afbeelding klikken om te bewerken of te wijzigen

Productafbeeldingen toevoegen

Bij **Productgegevens** selecteer je **Variabel product**.

Klik daarna op de knop **Publiceren**.

Variaties

Selecteer het tabje **Eigenschappen**. Selecteer **Kleur**. Klik daarna op de knop **Toevoegen**. Herhaal dit ook voor de eigenschap **Maat**.

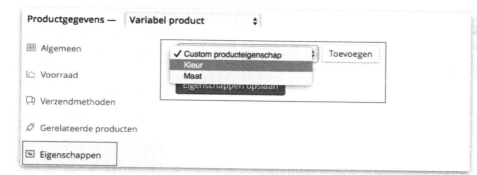

Daarna ga je de **Waarde(n)** toevoegen door te klikken op de knop **Alles selecteren** (verwijder daarna een *Waarde* die niet van toepassing is).

Deactiveer *Toon op productpagina.* **Activeer** *Gebruik voor variaties.*

Klik daarna op de knop **Eigenschappen opslaan**.

Klik op de tab **Variaties**. Klik op de knop **Variaties genereren**.

Een aantal waarschuwingsvensters verschijnen. Klik op **Sluit**.

9 variaties zijn toegevoegd.

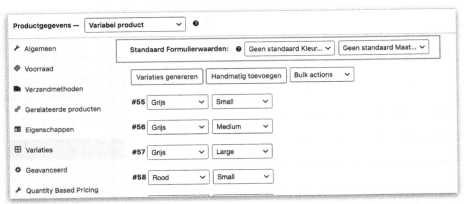

Zet de **Standaard Formulierwaarden** op **Geen Default Kleur** en **Geen Default maat**. Wanneer de klant de productpagina ziet mag hij zelf een kleur en maat selecteren. Klik op de knop **Wijzigingen opslaan**.

Klik op het **product-nummer** om een variatieproduct te configureren.

Geef de variatieproduct een **Afbeelding** (klik op afbeelding-icoon),

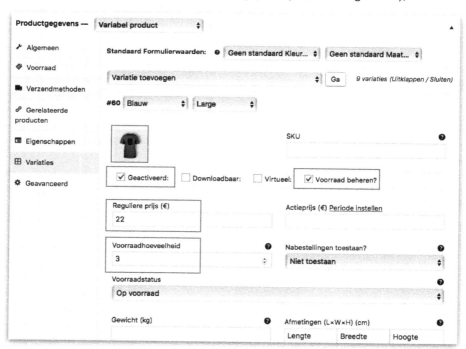

activeer **Geactiveerd** en **Voorraad beheren**. **Voorraadhoeveelheid** = **3**
Reguliere Prijs = **22** (S = 20,- M = 21,- en L = 22,-).

Klik op de knop **Wijzigingen opslaan**. Herhaal dit proces voor de andere
8 variaties. Daarna de pagina **Updaten**.

Bekijk het product aan de voorkant van de site.

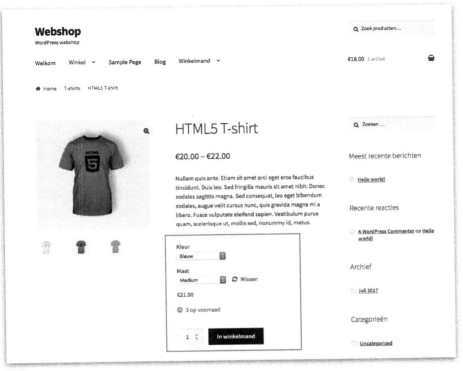

In het voorbeeld mag een klant de juiste kleur en maat selecteren. Daarna krijgt hij te zien wat de juiste prijs is en of het product op voorraad is.

Producten Importeren

Meer dan 50 producten handmatig invoeren kost veel tijd. In dat geval is het beter om je producten en alles wat erbij hoort zoals de Productnaam, Prijzen, SKU, enzovoort, vanuit een CSV-bestand te importeren.

Een CSV document is een spreadsheet. In dit geval zijn alle kolommen vervangen door komma's. **CSV** betekent: **C**omma **S**eparated **V**alue.

Om te weten waaruit dit document moet bestaan, is het handig om eerst producten te exporteren vanuit WooCommerce. Dit export-bestand kun je daarna openen met een spreadsheet-programma zoals Microsoft **Excel** of **Numbers** van Apple.

Na het openen van dit bestand is meteen duidelijk wat de indeling en volgorde is. Hetzelfde bestand kun je ook gebruiken om nieuwe producten aan je productenlijst toe te voegen.

Ga naar **Dashboard > Producten** en klik op de knop **Exporteren**.

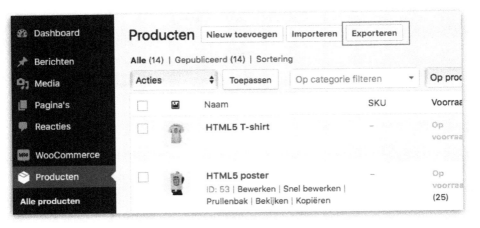

Een nieuw scherm verschijnt.

Vanuit dit scherm geef je aan dat je alle **kolommen, producten, categorieën** en **meta** gegevens wil **exporteren**.

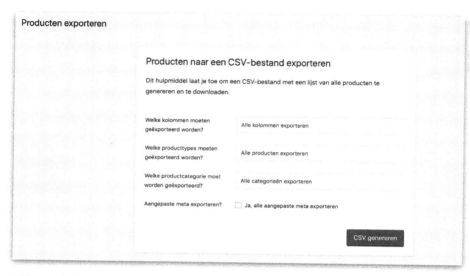

Klik op de knop **CSV genereren**. Een CSV bestand wordt gegenereerd.

Dit document is te vinden in je **Downloads** folder. Open het CSV-document in *Excel* of *Numbers*. Heb je een variabel product toegevoegd dan is dit product ook te zien in het CSV document.

Hoe ziet een productlijst er uit? Zoals je ziet wordt in de eerste rij aangege-ven wat voor informatie in elke kolom geplaatst wordt zoals een **ID**, **Type**, **SKU, Naam, Beschrijving, Reguliere prijs, Afbeeldingen, etc.**

ID	Type	SKU	Naam	Gepubliceerd	Uitgelicht?	Zichtbaarheid in catalogus
26	simple		Beanie	1	0	visible
27	simple		Riem	1	0	visible
28	simple		Pet	1	0	visible
29	simple		Zonnebril	1	1	visible

Wij gaan dezelfde lijst gebruiken om 2 nieuwe producten te importeren. Dit document had net zo goed 200 producten kunnen bevatten.

Maak een **kopie** van het CSV-document. Verwijder alle producten in deze lijst. Het voorbeeld-document bevat 2 **Simpel producten** namelijk 2 pos-ters. De afbeeldingen staan in een folder op een (internet)server. Onder de titel **Afbeeldingen** staat een locatie-adres b.v. *http://www.site.nl/afbeel-dingen/01.jpg*. Meer afbeeldingen importeren kan door het locatie-adres te scheiden met een komma **"plaatje1, plaatje2"** (in quotes gescheiden door een komma).

Let op! Decimalen van een prijs wordt met een **punt** aangegeven. Dus geen komma's! Prijs **29,95** wordt **29.95**. Ben je klaar met de lijst, **expor-teer** het bestand vanuit *Excel* of *Numbers* naar een **CSV document**.

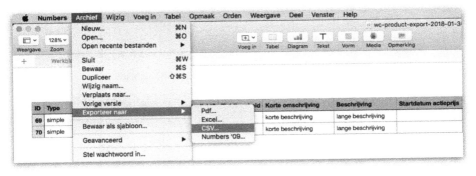

Heb je het document in een tekstprogramma geopend dan ziet dit er zo uit.

```
wc-product-import-2018-01-31.csv
1  ID,Type,SKU,Naam,Gepubliceerd,Uitgelicht?,Zichtbaarheid in catalogus,Korte omschrijv:
   status,Belastingklasse,Op voorraad?,Voorraad,Nabestellingen toestaan?,Wordt indivi(
   (cm),Klantbeoordelingen toestaan?,Aankoopnotitie,Actieprijs,Reguliere prijs,Categor
   download,Hoofd,Gegroepeerde producten,Upsells,Cross-sells,Externe URL,Knop tekst,Pe
   1,Zichtbare eigenschap 1,Globale eigenschap 1,Naam eigenschap 2,Waarde eigenschap :
   69,simple,,CSS poster,1,0,visible,korte beschrijving,lange beschrijving,,,taxable,,1
   css3.jpg,,,,,,,,0,,,,,,,,,
   70,simple,,PHP poster,1,0,visible,korte beschrijving,lange beschrijving,,,taxable,,1
   php7.jpg,,,,,,,,0,,,,,,,,,
```

In de **1e rij** staan de titels. Daaronder (zie 69 en 70) productdata. Zoals je kan zien is dit minder overzichtelijk dan een standaard spreadsheet.

Tip: Gebruik geen komma's in een lange of korte beschrijving.
Een CSV document ziet een komma als scheidingsteken.
Hierdoor wordt je productlijst niet correct ingedeeld.

Tip: Apple - Numbers gebruikers, nadat een spreadsheet als CSV document is geëxporteerd is data gescheiden door puntkomma's **;** .
Vanuit een tekstverwerker kun je de met de functie **zoek & vervang** puntkomma's vervangen door komma's.

Tip: Heb je een product met een galerij, check dan of je locatie-adressen tussen quotes staan, b.v :
"http://www.server.nl/01.jpg, http://www.server.nl/01b.jpg"

Tip: *Afbeeldingen* eerst met een FTP programma uploaden naar een webserver. Daarna het locatie-adres opnemen in je spreadsheet.

Een CSV document is online beschikbaar:
wp-books.com/woocommerce bestand **wc-product-import.csv**.

Gebruik

Ga naar **Dashboard > Producten**. Klik op de knop **Importeren**.

Een nieuw scherm verschijnt.

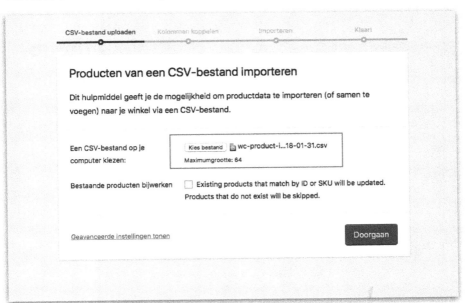

Klik op de knop **Kies bestand** om een CSV document te selecteren.

Klik daarna op de knop **Doorgaan**. Een nieuw scherm verschijnt.

Vanuit dit scherm kun je aangeven of je productvelden wilt koppelen of negeren. Aangezien we een volledige CSV bestand gebruiken waarvan een aantal velden leeg zijn negeren we dit scherm.

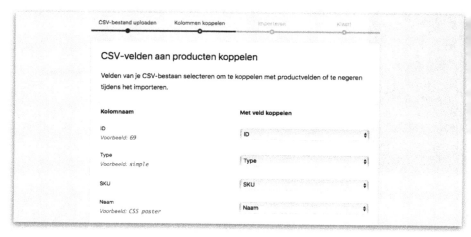

Scroll naar beneden en klik op de knop **De importeerfunctie uitvoeren**.

Even wachten … Productdata is geïmporteerd.

Klik op de knop **Producten bekijken**.

Zoals je ziet zijn 2 nieuwe producten toegevoegd aan je productenlijst.

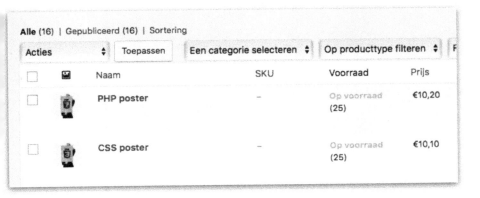

Bekijk de site.

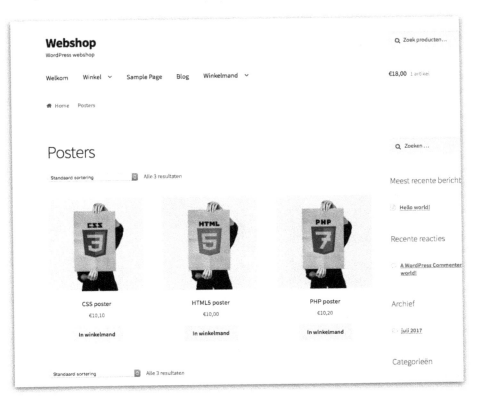

Zijbalk - Widgets

Widgets zijn site-elementen die extra visuele en interactieve opties toevoegen aan een Wordpress site.

Dit zijn onderdelen zoals een **Zoekveld**, **Meest Recente Berichten, Reacties**, **Archief** enzovoort. Deze zijn te vinden in de rechter-zijbalk van de website. Ze zijn bedoeld om eenvoudig en gemakkelijk structuur toe te voegen aan een thema. Afhankelijk van het thema zijn er diverse zijbalken aanwezig.

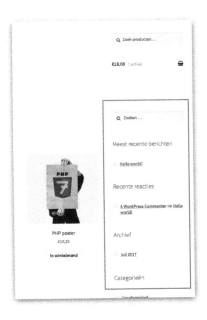

Widgets verwijderen

Ga naar: **Dashboard > Weergave > Widgets**.

Verwijder alle widgets in **Zijbalk**. Selecteer een widget.

Bij **Opties** (drie puntjes) selecteer **... verwijderen**.

Widgets toevoegen

Met het installeren van WooCommerce zijn er een aantal WooCommerce Widgets meegekomen. Plaats de widgets: **Productcategorieën** en **Prijsfilter** in **Zijbalk**.

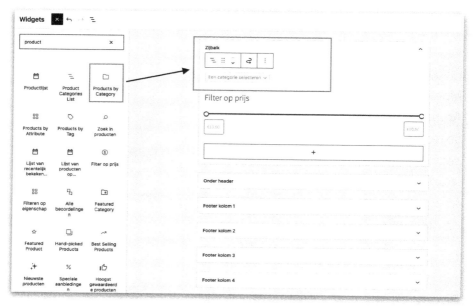

Bij WEERGAVESTIJL selecteer je **Dropdown**.

Probeer ook eens **Filter producten op eigenschap** en **Actieve filters op producten**.

Heb je een widget aangepast vergeet dan niet op de knop **Updaten** te klikken.

Bekijk de website.

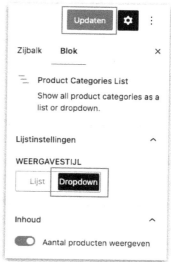

Zoals je kunt zien is de rechter-zijbalk voorzien van nieuwe functionaliteit. Het element **Zoek producten** is al een onderdeel van het thema vandaar dat dit niet als widget is opgenomen in de zijbalk.

Klik op **Winkel** om de widgets te zien.

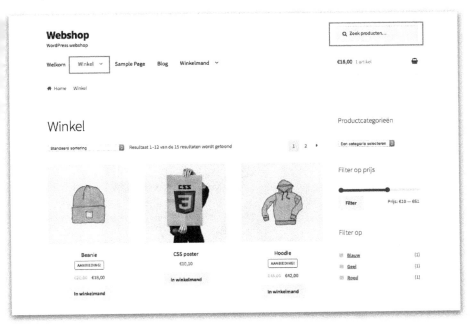

Met behulp van plugins kun je het aantal widgets uitbreiden. Naast de standaard filters zijn er ook andere productfilters die je kunt gebruiken.

In het hoofdstuk Plugins zal ik hier meer over vertellen.

Verzendmethoden

Tijdens de installatie is er geen **Verzendmethode** gekozen.

Ga naar: **Dashboard > WooCommerce > Instellingen** - tab **Algemeen**.

Neem de onderstaande **Algemene opties** over.

Bij **Verkopen aan specifieke landen** - kies **Nederland**.

Klik daarna op de knop **Wijzigingen Opslaan**.

Klik daarna op de tab **Verzendmethoden**.

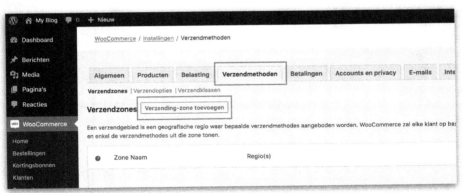

Klik op de knop **Verzending-zone toevoegen**.

Zone Naam - **Nederland**. Klik daarna op de knop **Wijzigingen opslaan**.

Klik op de knop **Verzendmethode toevoegen**.

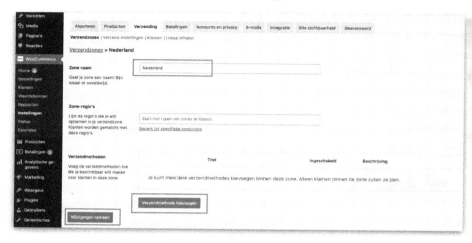

Er zijn 3 verzendmethodes: **Gratis verzending**, **Vast Tarief** en **Afhalen**. Selecteer de 3 methodes met de knop **Verzendmethode toevoegen**.

Klik op de verzendmethodes **Gratis verzending**, **Vast tarief** en **Lokaal afhalen** om dit te bewerken.

Voor toevoegen **Lokaal afhalen** klik op: *Lokaal ophalen: beheer bestaande ophaallocaties op de instellingenpagina voor lokaal ophalen.*

Neem alle instellingen over.

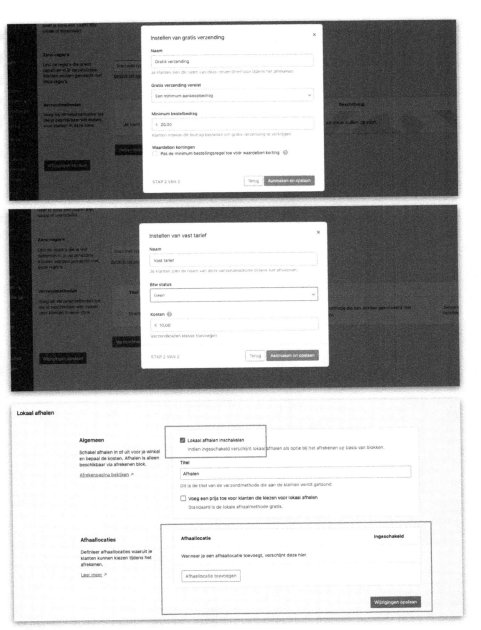

Klik daarna op **Aanmaken en opslaan**. Overige informatie: https://woo.-
com/documentation/woocommerce/getting-started/shipping.

De methodes zijn nu geactiveerd. Klik op **Verzendzones** - **Nederland**.

Plaats **Gratis Verzending** bovenaan de lijst.

Dit kun je doen door het naar boven te slepen. Hierdoor wordt deze optie automatisch geselecteerd vanaf een minimale bestelbedrag.

Klik op **Verzend-instellingen**.

Bij **Bestemming van de verzending** kies je voor **Standaard naar klant verzendadres**. Klik op de knop **Wijzigingen opslaan** en bekijk de site.

Bij een minimum aankoopbedrag krijg je het volgende te zien in je **winkelmand**. De optie **Gratis verzenden** wordt getoond en geslecteerd.

De optie **Vast tarief** is nog steeds beschikbaar. Een klant kan zelfs voor deze optie kiezen, waardoor het totaalbedrag hoger wordt.

Met behulp van de plugin **Hide Shipping Method For WooCommerce** (*theDotstore*) kun je ervoor zorgen dat **Vast tarief** niet meer wordt getoond bij een minimum aankoopbedrag.

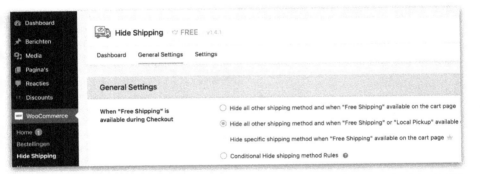

Nadat de plugin is geïnstalleerd en geactiveerd, ga je naar: **Dashboard > WooCommerce > Hide Shipping**.

Selecteer - *Hide all other shipping method and when "Free Shipping" or "Local Pickup" available on the cart page.*

In het hoofdstuk *Praktische plugins* kun je meer lezen over plugins.

iDEAL en Bancontact

In Nederland betalen klanten met iDEAL in België met Bancontact. Deze
betalingsmethoden zijn geen standaard onderdeel van WooCommerce.
Dit houdt in dat je deze methoden mag toevoegen aan het systeem.
Er zijn een aantal plugins beschikbaar:

1. Plugins van een **bank**.

2. Plugins van een **Payment Service Provider**.

Wat is het verschil?

- Een bank is duur. Je geld is direct op je rekening. Je betaalt éénmalig
  een startbedrag vanaf €100,-. Daarnaast heb je een abonnement vanaf
  €10,- per maand en betaal je nog eens transactiekosten vanaf €0,50.

- Een **P**ayment **S**ervice **P**rovider is een tussenpersoon die zorgt voor veilig
  betalingsverkeer. Je geld wordt per transactie of per maand overgeboekt. Bij een PSP betaal je (meestal) transactiekosten vanaf €0,29 +
  een percentage van 2,9%. iDeal integratie in de webshop gaat sneller
  dan bij banken.

Wij maken gebruik van een gratis PSP plugin met de laagste transactiekosten, namelijk € 0,29 Euro (iDEAL) en € 0,39 (Bancontact).

Betaalmethode	Markt	Per transactie
iDEAL	Nederland	€ 0,29
Bancontact	België	€ 0,39

Plugin installeren

Ga naar: **Dashboard > Plugins > Nieuwe plugin**.

Typ in het zoekveld: *Mollie Payments*. **Installeer** en **Activeer** de plugin.

Account aanmaken

Ga daarna naar: **www.mollie.com/nl/signup** of **mollie.com/be/signup**
om je aan te melden.

Maak een Mollie account aan en doorloop de aanmeldprocedure.

Voor meer vragen zie: www.mollie.com/nl/support.

Je account is geactiveerd. Vanuit je **Mollie Dashboard** vul je de nodige gegevens in. Een **KvK-nummer** is verplicht.

Klik op de tab **Websiteprofielen > betaalmethodes** en activeer **iDEAL** en **Bancontact**.

Een **API key** wordt aangemaakt. Dit heb je later nodig om een verbinding te maken vanuit de webshop met Mollie.

Live API key kun je vinden in:

Mollie Dashboard > Developers > API-keys.

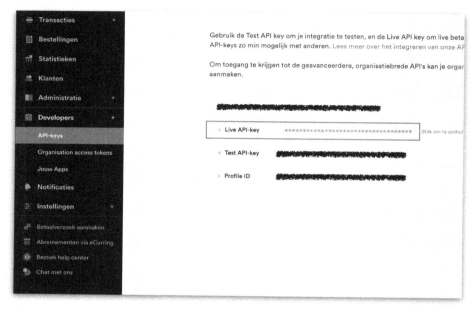

Bewaar je **Live_** en **Test_ API key** in een tekstbestand.

*Live_* en *Test_* is een deel van je code. Je code ziet er ongeveer zo uit: *Live_1234567890.* Deze codes heb je later nodig om in je WooCommerce instellingen te plakken.

Je bent klaar met Mollie. Ga weer terug naar de webshop.

Instellingen

Ga naar: **Dashboard > WooCommerce > Instellingen**.

Klik op de tab **Mollie Settings**.

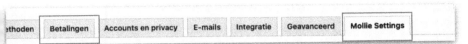

Ga op zoek naar **Live** en **Test API key** en plak hier je API codes.

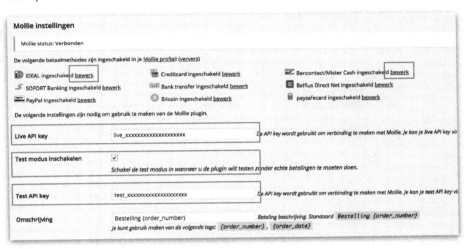

Test modus inschakelen - Activeren. Hiermee kun je testbestellingen plaatsen. Bij **iDEAL / Bancontact**: Klik op **bewerk**.

Onder de tab **Betalingen - Betaalmethodes** activeer **Mollie-iDeal/Bancontact**.

Met de knop **Instellen** kun je de **Titel** en **Omschrijving** aanpassen. Dit is te zien tijdens het afrekenen. Klik daarna op de knop **Wijzigingen opslaan**.

Bestellen vanuit de webshop

Bekijk de site. Plaats een bestelling. Je ziet daarna de beschikbare betalingsmethodes.

Selecteer een betaalmethode > *iDEAL* > *bank* en klik op **Bestelling plaatsen** (of gebruik *Rembours*).

Doorloop de betaalprocedure.

Daarna krijgt de klant het scherm **Bestelling ontvangen** te zien.

Een e-mailbericht wordt automatisch naar de klant (links) en verkoper (rechts) verstuurd.

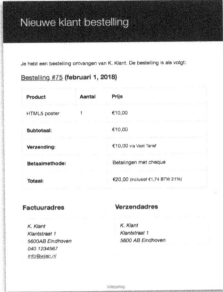

Schakel na het testen **Test Modus inschakelen - UIT**.

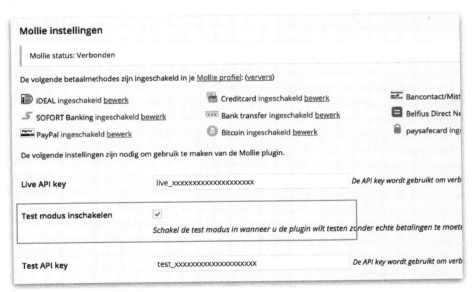

Bestellingen

Direct na een bestelling ontvangt de webshop-beheerder een e-mail bericht (links). Een klant ontvangt automatisch een bevestiging (rechts).

Om een bestelling te zien ga je naar:

Dashboard > WooCommerce > Bestellingen.

Een nieuwe bestelling is binnengekomen.

Elke bestelling heeft een uniek bestelnummer b.v. **#75**.

Klik op het **bestelnummer** of **bekijk-knop** (oogje) om de bestelling te zien.

Vanuit dit venster kun je het volgende wijzigen:

Bestelstatus (links) of **Bestelling acties** (rechts) hiermee worden e-mail-berichten naar de klant verstuurd.

Vanuit **Bestelling acties** (rechts) kun je o.a. een *factuur* en *de details van de bestelling* naar de klant versturen. Door de **Bestelstatus** te veranderen wordt de klant per e-mail op de hoogte gehouden.

Onder **Algemene gegevens** zie je **Bestelstatus - In de wacht**.
Als de betaling inmiddels is overgeboekt naar je bankrekening, kan het bestelde product worden verstuurd.

Selecteer daarna bij **Bestelstatus - Afgerond**.
Klik daarna op de knop **Bijwerken**.

De klant ontvangt een nieuw bericht waarin wordt aangegeven dat de bestelling is afgerond en verzonden.

Om het helemaal af te ronden, stuur je de klant nog een factuur. Ga naar de bestelling en selecteer bij **Bestelling acties** - **Mail de factuur**.

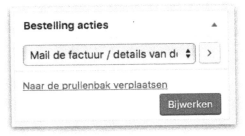

Klik vervolgens op de knop **Bijwerken**.

De klant ontvangt een betalingsoverzicht (rechts).
Het versturen van een factuur gebeurt handmatig.

E-mail Berichten

WooCommerce bevat een aantal standaard e-mail berichten.
Een aantal worden naar de winkel-eigenaar verstuurd de rest naar de klant.

Ga naar: **Dashboard > WooCommerce > Instellingen**.
Klik op het tabje **E-mails**.

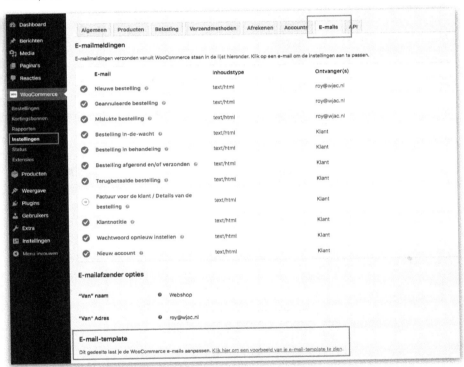

Vanuit dit scherm is een overzicht te zien van alle WooCommerce e-mail
berichten.

Met het onderdeel **E-mail-template** kun je een voorbeeld zien.
Vanuit dit scherm heb je de mogelijkheid om de opmaak van een
WooCommerce bericht aan te passen.

E-mail-template aanpassen

Bij het onderdeel **E-mail-template** kun je de standaard opmaak van berichten aanpassen.

Met **Logo** is het mogelijk om een bedrijfslogo op te nemen in de template. Met diverse **kleurinstellingen** kun je de template aanpassen.

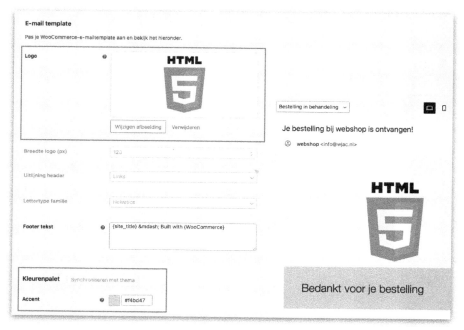

Je krijgt de aangepaste e-mail template met logo te zien.

Vergeet daarna niet op de knop **Wijzigingen opslaan** te klikken.

Met kennis van PHP, HTML en CSS kun je de template zelf wijzigen.

Klik op een e-mail bericht b.v. **Bestelling in behandeling.**

Klik daarna op de knop **Bestand naar thema kopiëren.**

Vervolgens op de knop **Bekijk template.**

Vanuit dit PHP venster is het mogelijk om de template volledig in code aan te passen.

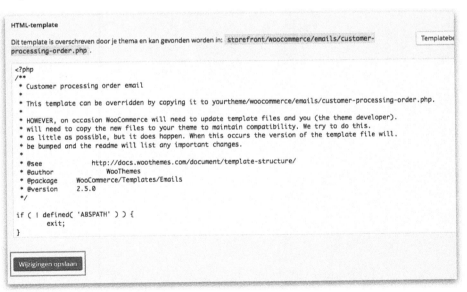

Na aanpassing klik op de knop **Wijzigingen opslaan.**

Klanten

In de webshop kan een klant direct een product bestellen zonder zich aan te melden. Om het voor terugkerende klanten gemakkelijker te maken, is het beter om als klant een klanten-account aan te maken. De bestelprocedure gaat dan sneller, want het is dan niet meer nodig om alle gegevens in te voeren. Inloggen met een gebruikersnaam en wachtwoord is voldoende.

Nadat de optie om een klanten-account aan te maken is geactiveerd, is deze optie pas zichtbaar tijdens het afrekenen.

Door het **aanvinken** van de optie **Een account aanmaken?** kan een klant een **Account-wachtwoord** aanmaken.

Inloggen gaat dan met een gebruikersnaam en wachtwoord.

Als een klant voor het eerst bestelt en een account aanmaakt, ontvangt hij de gegevens per e-mail.

Wil je dat een klant niet als gast afrekent en verplicht een account moet aanmaken, dan kun je deze optie uitschakelen.

Ga naar: **Dashboard > WooCommerce > Instellingen**. Klik op het tabje **Accounts en privacy**. Alle instellingen voor een account is hier te vinden.

Account aanmaken:

Activeer - Sta klanten toe een account te maken tijdens het afrekenen.

Alleen inloggen met een verplichte account:

Deactiveer - Sta klanten toe een bestelling te plaatsen zonder account.

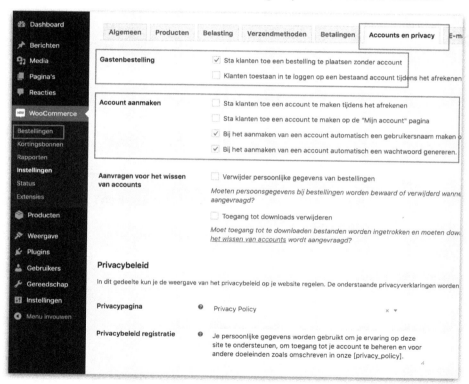

Je mag bij **Account aanmaken** ook het registreren mogelijk maken op **Mijn Account pagina**. Daarnaast is er ook een optie geactiveerd waarmee het systeem **Automatisch een klant-wachtwoord** genereert.

Klantenlijst

Om een klantenlijst te bekijken en aan te passen ga je naar:

Dashboard > WooCommerce > Rapporten.

Klik op het tabje **Klanten** - **Klantenlijst**

Klik op de potlood-icoon (rechts) om informatie te wijzigen.

Klantenlijst is ook te zien via:

Dashboard > Gebruikers > Alle gebruikers.

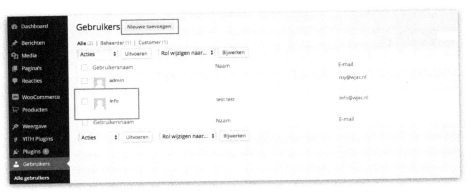

Klik op de naam van de klant om informatie aan te passen.

Met de knop **Nieuwe toevoegen** kun je een nieuwe klant aanmaken.

Let op! de **Rol** van de klant is **Klant**.

Andere rollen zijn niet toepasbaar voor webshop-klanten.

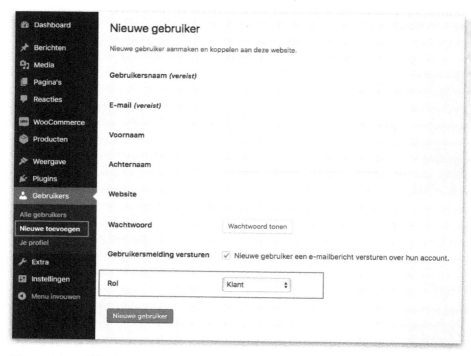

Ben je klaar klik dan op de knop **Nieuwe gebruiker**.

Kortingsbonnen

Het geven van korting is een goeie manier om klanten te binden.

In WooCommerce kun je op verschillende manieren korting geven:

- Op het totaal bedrag.

- Op een bepaald product.

- Vanaf een minimale besteding.

Voor het gebruik maken van kortingen ga naar:

Dashboard > Marketing > Kortingsbonnen.

Klik op **Kortingsbon toevoegen**. Je krijgt een nieuw venster te zien.

Geef in het bovenste veld een **Kortingsbon-code** bijvoorbeeld, *Lente korting*. De **code** moet de klant gebruiken om korting te krijgen. In het veld daaronder plaats je een **Beschrijving**, dit is optioneel. Je gaat een eenmalige kortingsbon maken van 10% voor de totale winkelmand.

Klik daarna op de knop **Publiceren**.

Bij **Kortingsbongegevens** zie je 3 tabjes n.l:

Algemeen, **Gebruiksbeperking** en **Gebruikslimieten**.

Algemeen

Kortingstype - geef aan of het gaat om een winkelmand- of productkorting als vast bedrag of in procenten. Kies voor Procentuele korting.

Waarde van kortingsbon - typ een waarde in van 10 (dus 10% korting).

Sta gratis verzending toe - het product wordt gratis verzonden.

Let op dat *Gratis verzending* bij de *gratis verzendmethode* geactiveerd is.

Vervaldatum kortingsbon - vul een vervaldatum in.

Gebruiksbeperking

Minimale besteding - minimaal bedrag voor de werking van een korting.

Maximale besteding - geen korting vanaf maximale bestedingen

Enkel individueel gebruiken - korting werkt niet in combinatie met andere kortingsbonnen.

Afgeprijsde artikelen uitsluiten - kortingsbon wordt niet toegepast bij afgeprijsde artikelen.

Producten - korting voor gekozen producten.

Uitgesloten producten - geen korting voor gekozen producten.

Productcategorieën - product moet bij gekozen categorie horen voor de werking van een kortingsbon.

Uitgesloten categorieën - geen korting voor producten uit een van de gekozen categorieën.

E-mail beperkingen - korting voor een specifieke klant m.b.v. een e-mailadres. Meer e-mailadressen worden gescheiden door een komma.

Gebruikslimieten

Gebruikslimiet per kortingsbon - aantal keer dat een kortingsbon gebruikt mag worden.

Gebruikslimiet per klant - aantal keer dat een kortingsbon gebruikt mag worden door een gebruiker.

Ben je klaar ga dan naar rechtsboven en klik op de knop **Publiceren** of **Bijwerken**.

Wil je het gebruik van kortingsbonnen uitschakelen, ga dan naar:
Dashboard > WooCommerce > Instellingen.
Klik op het tabje **Algemeen**.

Bij **Coupons inschakelen**:
Deactiveer - **Schakel het gebruik van kortingsbonnen uit**.

Coupons inschakelen	☑ Schakel het gebruik van kortingsbonnen in
	Kortingsbonnen kunnen toegepast worden vanaf de winkelmand- en a
	☐ Kortingsbonnen cumulatief toepassen
	Bij gebruik van meerdere kortingsbonnen wordt de eerste kortingsbon

Bekijk de website.

Log in als klant en bestel een product.

Klik op je winkelwagen en gebruik een kortingsbon.

Zoals je ziet is je kortingsbon *Lente korting* toegepast.

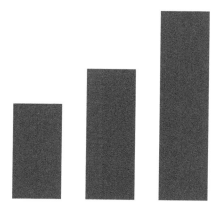

Rapporten

Met Rapporten kun je door middel van grafieken en statistieken zien wat het verloop is van de webshop. Door je statistieken te bekijken kun je de verkoopstrategie aanpassen.

Ga naar: **Dashboard > WooCommerce > Rapporten**. Dit geeft een totaaloverzicht van alles wat met bestellingen heeft te maken. Zoals de bruto- en netto-omzet. Het geeft aan hoeveel artikelen er zijn verkocht en hoeveel kortingsbonnen er zijn gebruikt.

Met **Bestellingen** kun je bruto- en nettoverkoop bekijken.

Met het tabblad **Klanten** kun je rapporten bekijken voor Klanten/Gasten.

Het tabblad **Voorraad** geeft inzicht in de voorraad van je winkel.

Met het tabblad **Belastingen** kun je belastingen per datum bekijken.

Inmiddels zijn er nieuwe analytische en marketing tools beschikbaar.

Analytics

Ga naar **Dashboard > Analytische gegevens**.

Het onderdeel **Analytische gegevens** genereert diverse rapporten. Het is een nieuwe tool om je winkel te analyseren en geeft je de mogelijkheid om alle gegevens als CSV document te downloaden.

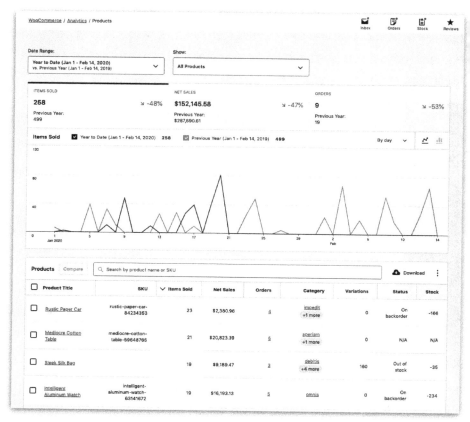

Je kunt zien hoe je winkel presteert, welke producten goed verkopen en waar je verkopen vandaan komen. Deze informatie kan van waarde zijn om je te helpen de prestaties van je winkel te verbeteren.

Marketing

Ga naar **Dashboard > Marketing**. Hier vindt je een aantal opties.

Kanalen en **Ontdek meer marketingtools**: Dit onderdeel geeft je aanbevelingen voor extensies die nuttig kunnen zijn voor de marketing van je winkel.

Leer meer over marketing voor je winkel: Dit geeft je een overzicht van marketing-gerelateerde inhoud voor nieuwe suggesties en ideeën.

Waardebonnen: In dit onderdeel kun je waardebonnen bekijken en toevoegen. Waardebonnen kunnen door klanten worden toegepast op de winkelwagen-/kassa-pagina's.

WooCommerce Thema's

Het standaard thema Twenty Twenty-Four is niet geschikt als webshop-thema. Na het installeren van WooCommerce is het webshop-thema **Storefront** geïnstalleerd. Wil je een ander webshop-thema? Ga dan naar **Dashboard > Weergave > Thema's**.

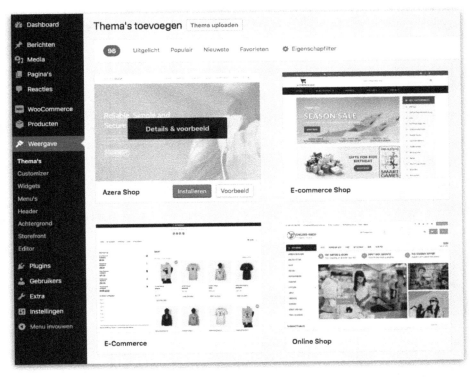

Typ in het nieuwe scherm **e-commerce** in het zoekveld. Als je een nieuw thema activeert, vergeet dan niet om je thema, menu en widgets opnieuw te configureren.

Voor meer informatie: www.wordpress.org/themes/tags/e-commerce

Hieronder vind je enkele tips om het perfecte thema te kiezen:

▸ Bedenk welk soort webshop je wilt publiceren. Er zijn shops voor verschillende onderwerpen zoals kleding, diensten, voedsel, meubels etc.

▸ Maak een lijst waaraan je thema moet voldoen, zoals Responsive, Slideshow, Thema customizer, video-integratie en social media.

▸ Heb je webdesign skills? Sommige thema's zijn eenvoudig te gebruiken andere niet... Voor sommige templates is kennis van HTML/CSS en zelfs PHP nodig voor de nodige aanpassingen.

▸ Doe onderzoek en probeer verschillende thema's uit voordat je er een aanschaft.

▸ Verzamel informatie over het thema. Wordt het goed ondersteund en beschikt het over een forum? Is er een duidelijke gebruikershandleiding beschikbaar?

Naast WordPress.org kun je ook terecht bij andere thema-aanbieders:

▸ themeforest.net/category/wordpress/ecommerce

▸ themeisle.com/wordpress-themes/ecommerce

▸ woothemes.com/product-category/themes

▸ justfreethemes.com/themes/ecommerce

▸ templatemonster.com/wordpress-ecommerce-themes

of Google: WordPress e-commerce themes

Praktische Plugins

Je kunt extra functionaliteit toevoegen aan WooCommerce met behulp van plugins. Dit is als het ware een aanvullend programma binnen het systeem. Mis je iets in WooCommerce, zoals bijvoorbeeld een eenvoudig mailformulier, een fotogalerij of een extra productfilter, dan is er vast en zeker een plugin voor beschikbaar.

De meeste plugins zijn gratis verkrijgbaar, maar er zijn ook plugins waarvoor je moet betalen. De prijzen variëren van 50 tot 250 dollar.

Het aantal beschikbare plugins is groot. Wees verstandig en installeer niet te veel plugins. Gebruik ze alleen wanneer je ze echt nodig hebt. Door het gebruik van te veel plugins kunnen er conflicten optreden, waardoor een site trager wordt en de kans op een gehackte website groter wordt. Lees de informatie daarom goed door voordat je een plugin gaat gebruiken.

Plugin downloaden:

Vanuit dit adres kun je WordPress en WooCommerce plugins bekijken en downloaden: **http://wordpress.org/extend/plugins**.

Vanuit dit adres kun je WooCommerce plugins bekijken en downloaden: **https://woocommerce.com/products**.

Installeren van **WordPress** plugins

1. Ga naar: **Dashboard > Plugins > Nieuwe Plugin**.

2. Typ in het zoekveld: **Naam van een plugin**.

3. **Installeer** en **Activeer** de plugin. Wordt de plugin niet vertoond vanuit de site ga dan naar wordpress.org om dit te downloaden.

Installeren van WooCommerce plugins

1. Ga naar: https://woocommerce.com/products/
   Koop en **Download** een WooCommerce plugin.

2. Bij **Dashboard > Plugins > Nieuwe Plugin**. Klik op **Plugin uploaden**

3. **Kies bestand**. Plugin als **Zip formaat** uploaden. Daarna **Activeren**.

Plugin verwijderen, ga naar: **Dashboard > Plugins**.

Plugin **Deactiveren** voordat je dit kan **Verwijderen**.

Berichten via SMTP

WooCommerce verstuurt mailberichten vanuit een webserver. Op zich is dit geen probleem. Wordt de site gehost door een server van waaruit spam wordt verstuurd, dan is de kans groot dat deze berichten worden tegengehouden door spamfilters. Dit is vervelend, want een klant verwacht juist een bevestiging nadat een product is besteld.

Om dit probleem op te lossen, kun je de plugin **WP Mail SMTP** gebruiken. Met deze plugin worden berichten via het SMTP-protocol verstuurd. Een verzonden bericht zal niet meer als spam aangemerkt worden.

Installeren

Ga naar: **Dashboard > Plugins > Nieuwe Plugin**.

Typ in het zoekveld: *WP Mail SMTP*. **Installeer** en **Activeer** de plugin.

Let op, maak geen gebruik van de Wizard!

Gebruik

Ga naar: **Dashboard > WP Mail SMTP > Instellingen**.

Algemeen	E-mailtest	E-mail log	Besturingselementen voor e-mail	Diversen

Vanuit de tab **Algemeen** kies je voor een *Mailer*. Gebruik het e-mail adres en SMTP-gegevens van je webhost. Deze heb je ontvangen nadat een hosting is aangemaakt.

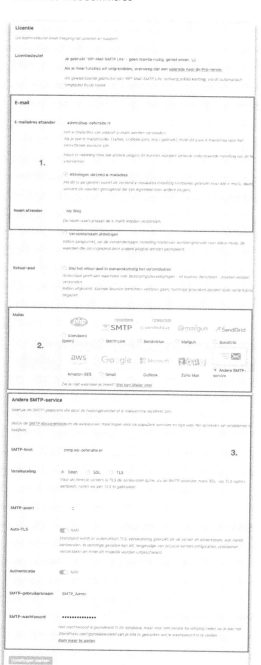

In de meeste gevallen heb je zelf een e-mailadres aangemaakt vanuit een **DirectAdmin** controlepaneel. Zie hoofdstuk "WordPress installeren".

1.Bij **E-mail**: e-mailadres en naam afzender.

2.Bij **Mailer**: selecteer *Andere SMTP-service*.

3.Bij **Andere SMTP-service**: b.v. *smtp.je_domeinnaam.nl.*

Versleuteling - Geen.

Authenticatie - AAN.

SMPT-gebruikersnaam en **-wachtwoord**.

Klik daarna op de knop **Instellingen opslaan**.

Met behulp van deze plugin weet je zeker dat een bezoeker een bericht ontvangt.

Extra Product Filter

Met standaard WooCommerce filters zoals **Productcategorieën** en **Prijsfilter** (zie hoofdstuk Zijbalk - Widgets) kan een klant het juiste product vinden.

Met *YITH WooCommerce Ajax Product Filter* kun je dit uitbreiden. Als je productvariaties hebt opgenomen in de webshop, kun je met deze filters ook zoeken op **maat** en **kleur**.

Installeren

Ga naar: **Dashboard > Plugins > Nieuwe Plugin**.

Typ in het zoekveld: *YITH WooCommerce Ajax Product Filter*.

Installeer en **Activeer** de plugin.

Gebruik

Ga naar: **Dashboard > Weergave > Widgets**.

Plaats de widget **YITH Ajax Product Filter** in **Zijbalk.**

Selecteer en configureer de widget.

YITH AJAX Product Filter
Geen voorbeeld beschikbaar.

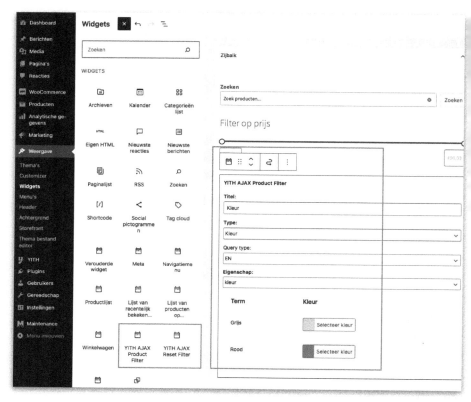

Titel: **Kleur.**

Type: **Kleur**.

Query Type: **EN**

Eigenschap: **Kleur**

Klik op de knop **Opslaan**.

Herhaal dit proces voor het maken van een **Maat-filter**. Omdat de product eigenschappen eerder zijn aangemaakt, zijn deze automatisch in de widget beschikbaar.

Als laatste stap sleep je de widget
YITH WooCommerce Ajax Reset Filter in **Zijbalk**.

Titel: **Reset**

Labelknop - **Alle Filters resetten**.

Klik op de knop **Opslaan**.

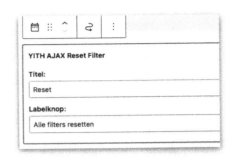

Bekijk de website.

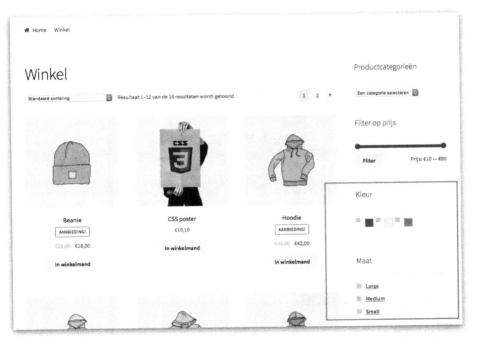

De knop **Alle Filters resetten** zal pas te zien zijn nadat gebruik is gemaakt van YITH product filters.

Tip! De plugin werkt beter in combinatie met een ander thema.

PopUp Venster

Wil je een belangrijke aanbieding promoten, dan is het handig om dit op de homepage te vermelden. Met een popup-plugin kun je elk type bericht in een popup-venster plaatsen.

Installeren

Ga naar: **Dashboard > Plugins > Nieuwe Plugin**. Typ in het zoekveld: *Hustle - Email Marketing, Lead Generation, Optins, Pop-Ups.*
Installeer en **Activeer** de plugin. Maak geen gebruik van de Wizard!

Gebruik

Ga naar: **Dashboard > Hustle**. Bij Pop-ups, klik op **+ CREATE**.

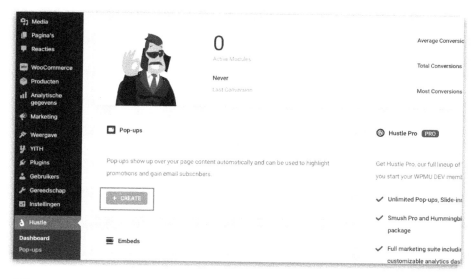

In het het nieuwe venster geef je de popup-venster een **Naam** en **Type**.

Klik op de knop

CHOOSE TEMPLATE.

Selecteer een Template (of *Start from Scratch*).

Daarna de template aanpassen en klik op de knop **PUBLISH**.

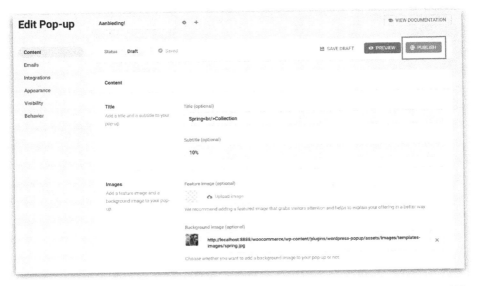

Klik op **Visibilty** (links). Klik daarna op **+ ADD CONDITIONS**. Selecteer **Specific URL** en klik op de knop **ADD CONDITIONS**.

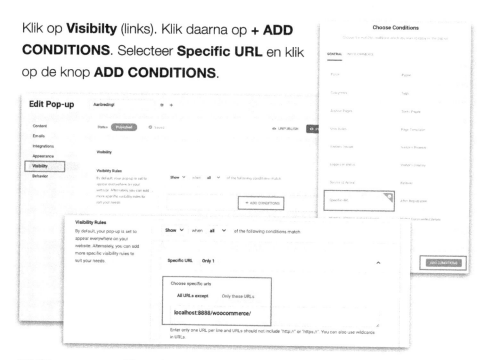

Bij **Choose specific urls** gebruik het adres waarin het popup-venster vertoond moet worden. **!** URL mag geen "**http://**" of "**https://**" bevatten.

Klik op **Save** en **Finish**. Bekijk de webshop.

Wishlist - Verlanglijst

Een verlanglijst/Wishlist is een veelvoorkomend onderdeel in een webshop. Met de *YITH WooCommerce Wishlist-plugin* wordt een verlanglijst-knop toegevoegd aan een productpagina. Een klant kan hiermee een verlanglijst samenstellen. De producten in een verlanglijst kunnen daarna eenvoudig in een winkelwagen worden geplaatst.

Installeren

Ga naar: **Dashboard > Plugins > Nieuwe Plugin**.
Typ in het zoekveld: *YITH WooCommerce Wishlist*.
Installeer en **Activeer** de plugin.

Gebruik

Ga naar: **Dashboard > YITH Plugins > Verlanglijst** .

Vanuit **Algemene instellingen** kun je een wenslijst aanpassen.

Een verlanglijst-pagina wordt automatisch aangemaakt. Deze pagina neem je op in je navigatiestructuur (zie hoofdstuk Navigatiebalk), waarmee een klant de pagina kan oproepen. Bekijk de webshop, bekijk een product en klik op **Toevoegen aan Verlanglijst**.

Klik vervolgens op **Verlanglijst** vanuit je **menu**. De *Social media iconen* maken deel uit van de plugin. Hiermee kan een klant een verlanglijst delen. Vanuit **Algemene instellingen** kun je dit deactiveren.

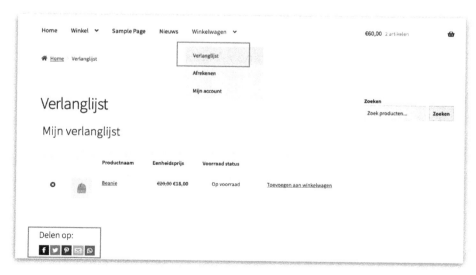

Factuur en Paklijst

Als je na een bestelling een factuur per e-mail wilt versturen, dan kun je dat doen met behulp van deze plugin. Daarnaast kun je ook een factuur en pakbon uitprinten. Deze kunnen samen met het pakket per post worden verzonden. Je kunt de opmaak voorzien van een bedrijfslogo, eigen factuurnummer en bedrijfsinformatie.

Installeren

Ga naar: **Dashboard > Plugins > Nieuwe Plugin**.

Typ in het zoekveld: *WooCommerce PDF Invoices & Packing Slips. (Door WP Overnight)*. **Installeer** en **Activeer** de plugin.

Gebruik

Ga naar: **Dashboard > WooCommerce > PDF facturen**.

Vanuit de tab **Algemeen** geef je aan hoe een PDF factuur wordt bekeken. Daarnaast kun je de template voorzien van een eigen **logo** en bedrijfsinformatie. Klik daarna op de knop **Wijzigingen opslaan**.

Vanuit tab **Documenten** geef je aan hoe deze als bijlage verstuurd wordt.

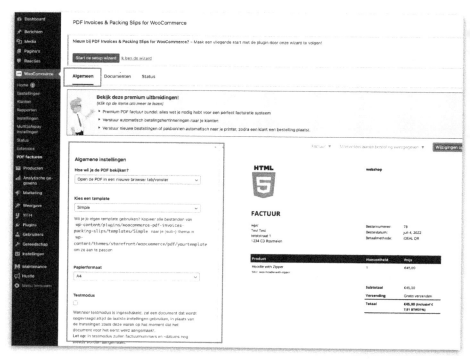

In dit geval wordt een factuur verstuurd nadat een **Bestelling** is **afgerond (klant e-mail)**. En als er een **Factuur (klant e-mail)** wordt verzonden.

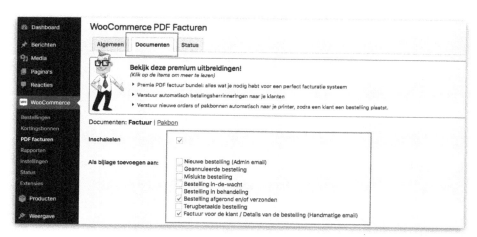

Na het wijzigen van een instelling klik op de knop **Wijzigingen opslaan**.

Ga naar: **Dashboard > WooCommerce > Bestellingen**.

Selecteer een bestelling. Bij **Maak PDF** (rechts) klik op de knoppen **PDF Factuur en Pakbon** om deze te bekijken en of te printen.

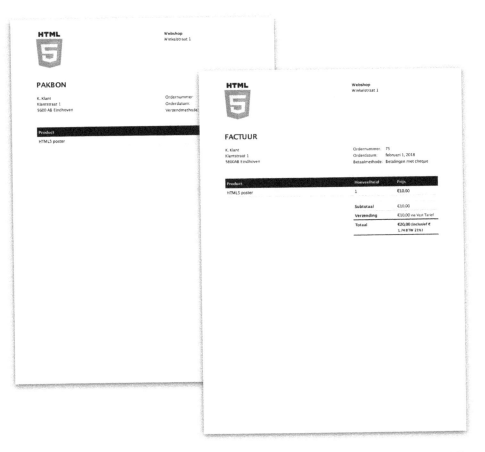

WebShop Beheer

Met Smart Store Manager kun je vanuit één venster je webshop snel en eenvoudig beheren. Webshop-gegevens zoals producten, varianten, klanten, coupons en bestellingen worden overzichtelijk weergegeven in een spreadsheet. Hiermee kun je snel en praktisch gegevens vinden en aanpassen. Met de Pro-versie (97 dollar) heb je net iets meer functionaliteiten, zoals het aanmaken, dupliceren en exporteren van producten en het toepassen van geautomatiseerde handelingen.

Installeren

Ga naar: **Dashboard > Plugins > Nieuwe Plugin**.

Typ in het zoekveld: *WooCommerce Advanced Bulk Edit Products, Orders, Coupons ... (door StoreApps)*. **Installeer** en **Activeer** de plugin.

Gebruik

Ga naar: **Dashboard > Smart Manager**.

Je krijgt een introductiepagina te zien. Klik nogmaals op **Smart Manager**. Je krijgt nu een spreadsheet van producten te zien.

Vanuit dit overzicht kun je eenvoudig gegevens vinden en aanpassen.

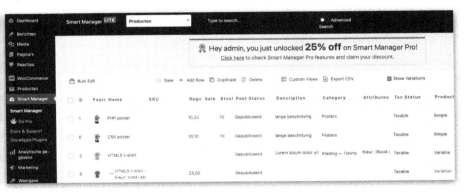

Klik op **Producten** om andere spreadsheet te zien:

Customers, **Orders** en **Coupons**.

Heb je *Product variaties* activeer dan **Show Variations**, rechtsboven.

De HTML5 T-Shirt variaties zijn nu ook te zien.

De spreadsheet werkt net zoals andere soortgelijke programma's zoals Excel of Numbers. Het heeft een **zoekfunctie** en je kan **sorteren**.

Gegevens wijzigen kan door op een **cel** te **klikken** en de data aan te passen.

In dit geval wordt de *prijs* aangepast naar 20,50.

Klik daarna op de **Save** knop.

Tekst, *categorie* of *afbeelding* wordt op dezelfde wijze aangepast. Een **popup-venster** verschijnt.

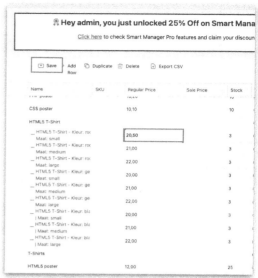

Vanuit het popup-venster kun je alle product-eigenschappen aanpassen, vanuit dit venster kun je scrollen. **Klik** daarna op de knop **OK**. Vergeet daarna niet om op de **Save** knop te klikken.

Klanten importeren

Klanten importeren kan ook met een plugin. Nadat een klantenlijst is geïmporteerd, heb je de optie om je klanten hierover te berichten. Een klant kan met de toegestuurde inloggegevens zijn account-gegevens wijzigen of aanpassen.

Installeren

Ga naar: **Dashboard > Plugins > Nieuwe Plugin**.

Typ in het zoekveld: *Import and export users and customers (door codection)*. **Installeer** en **Activeer** de plugin.

CSV bestand

Open een **Excel** of **Numbers** bestand en maak een klantenlijst.

Username	Email	Password	Voornaam	Achternaam	Addres	Postcode	Plaats
Ebbo	ebbo@test.nl	Pass123	Ebbo	Webbo	Webstraat 14	1020AB	Eindhoven
Iris	iris@test.nl	Pass456	Iris	Piris	Webstraat 15	3040CD	Eindhoven

Exporteer het bestand als **CSV** document. In het voorbeelddocument wordt uitgegaan van 2 klanten i.p.v. 200 klanten. De titels die je mag gebruiken zijn: **Username**, **E-mail**, **Password, Voornaam**, **Achternaam**, **Adres**, **Postcode** en **Plaats**.

Gebruik

Ga naar: **Dashboard > Gereedschap > Import and export users and customers**. Vanuit de tab **Import** doe je het volgende:

Bij **Roles** selecteer **Klant**.

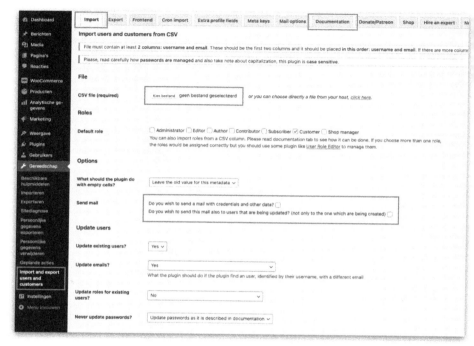

Bij **CSV file (required)** klik op de knop **Kies bestand** en selecteer je CSV klantenbestand. Bij **Send mail** - **Selecteer** of **Deselecteer** wat van toepassing is. Met deze optie krijgen geïmporteerde klanten een e-mailbericht met daarin hun inloggegevens nadat zij zijn opgenomen in het klantenbestand van de webshop. Klik daarna op de knop **Start importing**.

Voor meer informatie over de titels die je mag gebruiken, klik op de tab **Documentation**.

Bij het scherm **Importing users** krijg je een overzicht te zien.

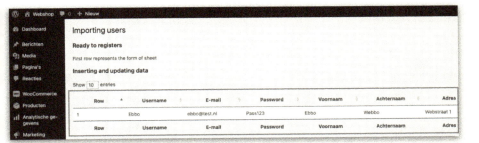

Ga daarna naar: **Dashboard > Gebruikers**.

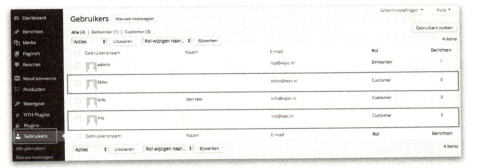

Zoals je kan zien zijn er 2 klanten toegevoegd aan je lijst. Log uit en bekijk de webshop, probeer eens in te loggen als klant.

Klantengroep

In Wordpress heeft een bezoeker de rol van **Klant** (gebruikersprofiel). Wil je **groepskortingen** aanbieden, dan is het handig om te beschikken over gebruikersgroepen, b.v. **Customers A** en **Customers B**. Met de plugin **WPFront User Role Editor** is het mogelijk om nieuwe rollen/groepen aan te maken.

Installeren

Ga naar: **Dashboard > Plugins > Nieuwe Plugin**. Typ in het zoekveld: *WPFront User Role Editor (Door Syam Mohan)*. **Installeer** en **Activeer** de plugin. Voor in het geval je dit niet kunt vinden, gebruik Google.

Gebruik

Ga naar: **Dashboard > Roles > All Roles**. Je ziet een overzicht van alle rollen. Klik op de knop **Add New**.

Je krijgt een nieuw scherm **Add New Role** te zien.

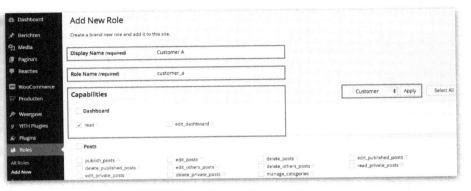

Geef bij **Display Name *(required)*** een profielnaam b.v. **Customer A**.

Het veld bij **Role Name *(required)*** wordt automatisch ingevuld.

Bij **Capabilities** selecteer je **Customer** om rol-eigenschappen over te nemen. Bij **Dashboard** selecteer je **read**. Klik daarna op de knop **Apply**. Klik daarna op de knop **Add New Role** (onderaan het scherm).

Maak vervolgens een nieuwe rol aan voor **Customer B**.

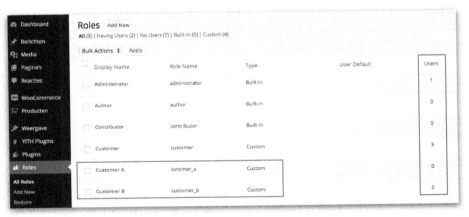

In het overzichtslijst zie je nu 2 nieuwe rollen/groepen.

Onder **Users** zie je hoeveel gebruikers er in een groep zitten.

Klanten aan een groep koppelen.

Ga naar: **Dashboard > Gebruikers > Assign / Migrate**.

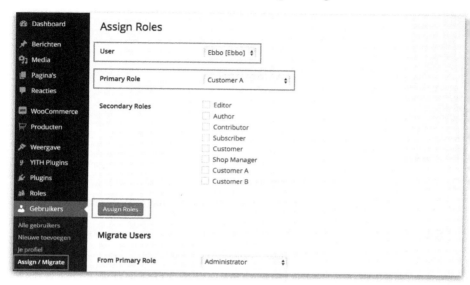

Selecteer bij **User** een klant.

Bij **Primary Role** selecteer je een rol - **Customer A**.

Klik daarna op de knop **Assign Roles**.

Selecteer een nieuwe **User** en koppel dit aan **Customer B**.

Met deze methode kun je **Users** aan een **Groep** verbinden.

In het volgende hoofdstuk word uitgelegd hoe je kortingen per groep kunt toepassen.

Prijsafspraken - B2B

Als je een Business to Business (B2B) webshop hebt, dan krijg je te maken met klanten met verschillende prijsafspraken. Bijvoorbeeld, klanten in groep A krijgen €1 korting en klanten in groep B €2 korting op een artikel. Met deze plugin kun je prijsafspraken per groep vastleggen.

Heb je geen B2B instelling? Ga dan naar **Dashboard > WooCommerce > Instellingen**. Kijk onder de tab **Belasting** en deactiveer belastingen en belastingberekeningen. Dit werkt natuurlijk ook voor een B2C webshop.

Installeren

Ga naar: **Dashboard > Plugins > Nieuwe Plugin**. Typ in het zoekveld: *Conditional Discounts for WooCommerce (door ORION).*

Installeer en **Activeer** de plugin.

Gebruik

De plugin kan gedeeltelijk gratis worden gebruikt, maar een aantal opties is afgeschermd. Om de volledige versie te kunnen gebruiken, is een Pro versie nodig. Ga naar: **Dashboard > Discount > Product List**.

Maak eerst een productlijst aan b.v. **Posters** en voeg **product-ID's** toe.

Klik daarna op de knop **New discount**.

Geef je korting een naam, b.v. **50% discount**.

Bij **Start/End date** kun je een start en einddatum aangeven.

Bij **Rules** geef je aan welke groep hiervoor in aanmerking komt. Zoals je kunt zien is de korting voor **Customer B**. Neem de gegevens over.

Bij **Action** kies je voor **Percentage off product price**.

Bij **Percentage /Fixed amount** geef je het aantal aan, i.d.g. **50**.

Bij **Product list** kies je voor productlijst **Posters**.

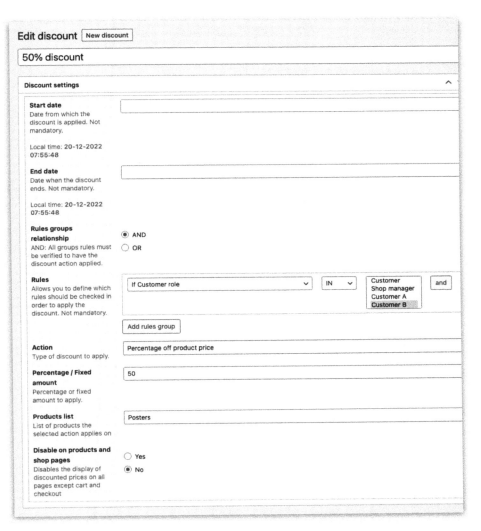

Klik op de knop **Opslaan**.

Om het resultaat te bekijken, kun je een andere internet-browser openen dan de browser waarmee je de webshop beheert. In dit hoofdstuk gebruik ik Safari en Firefox.

Vanuit de webshop ga je naar **Mijn Account** en log in als **Customer B**.

Bekijk de productcategorie **Posters**. Zoals je kunt zien, is de normale prijs doorgestreept en wordt de nieuwe groepskorting toegepast.

Plaats het product in je winkelmand en bekijk het overzicht.

Zoals je kunt zien wordt het **Totaal** bedrag inclusief btw vertoond. Met een **B2B** instelling wordt de prijs exclusief vertoond.

Meer informatie:
https://discountsuiteforwp.com

Navigatiemenu voor Speciale Klanten

Met de plugin **Nav Menu Roles** is het mogelijk om menu-items te verbergen/tonen op basis van gebruikersrollen. Heb je in een navigatiemenu een categorie met artikelen alleen voor speciale klanten, dan is dit de plugin die je nodig hebt. Ideaal voor een Business-to-Business (B2B) webshop.

Menu-items en posts/pagina's zijn 2 verschillende entiteiten. Door menu-items te verbergen, zijn de onderliggende pagina's nog steeds te vinden in de webshop. Wil je content verbergen, zoals pagina's of in dit geval producten, dan heb je hiervoor een **membership** plugin nodig.

In het volgende hoofdstuk vind je informatie over hoe je producten kan verbergen of tonen op basis van gebruikersrollen.

Installeren

Ga naar: **Dashboard > Plugins > Nieuwe Plugin**.
Typ in het zoekveld: *Nav Menu Roles (door Kathy Darling)*.
Installeer en **Activeer** de plugin.

In het hoofdstuk Klantengroep zijn 2 gebruikersrollen aangemaakt, **Customer A** en **B**. In het navigatiemenu ga je het menu-item **Posters** verbergen voor **alle klanten**, behalve voor **Customer B**.

Gebruik

Ga naar: **Dashboard > Weergave > Menu's**.

Klik op menu-item **Posters**.

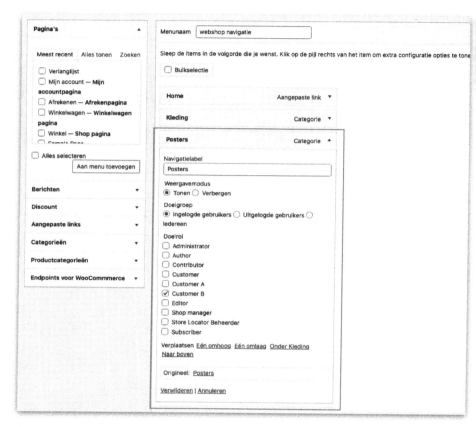

Selecteer bij WeergaveModus - **Tonen**.

Doelgroep - **Ingelogde gebruikers**.

Doelrol - (zichtbaar voor) **Customer B**.

Selecteer bij **User Restrictions** - **All Users**.

Klik daarna op de knop **Menu Opslaan**.

Bekijk de website als **Customer**.

Bekijk de site als **Customer B**.

Zoals je ziet is het **menu-item** - **Posters** alleen zichtbaar voor **Customer B**. Voor de juiste werking van het menu is het beter om het menu-item **Winkel** te **verwijderen**. Neem alleen de hoofd- en subcategorieën op in je menu (zie hoofdstuk: Navigatiebalk).

Meer informatie:

https://wordpress.org/plugins/nav-menu-roles.

https://nl.wordpress.org/plugins/privilege-menu.

Producten voor Speciale Klanten

Met deze plugin kunnen alleen speciale klanten **toegang** krijgen tot speci-fieke producten en productcategorieën. De freemium-versie is beperkt; hiermee is het alleen mogelijk om producten zichtbaar te maken voor spe-cifieke klantengroepen.

Installeren

Ga naar: **Dashboard > Plugins > Nieuwe Plugin**.

Typ in het zoekveld: *Product Visibility by User Role for WooCommerce (Door WP Wham)*. **Installeer** en **Activeer** de plugin.

Gebruik

Ga naar: **Dashboard > Woocommerce > Instellingen**.

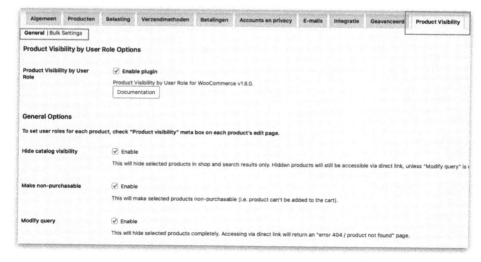

Onder de tab **Product Visibilty** is te zien dat de plugin is geactiveerd. Met een Pro-versie kun je gebruikmaken van instellingen die te vinden zijn onder **Bulk settings**.

Onder **General** kun je gebruikmaken van een aantal standaardopties. Door de opties **Enable** te activeren bij het onderdeel **Hide menu items** en **Hide product categories/tags**, kun je menu-items en productcategorieën verbergen voor specifieke klantengroepen. Hiervoor is wel een Pro-versie nodig.

Hide menu items	Enable	
	Hides nav menu items (i.e. hidden products, product categories and tags). Only products, product c	
	This option uses the `wp_get_nav_menu_items` filter.	
	You will need Product Visibility by User Role for WooCommerce Pro plugin to enable this option.	
Hide product categories/tags	Enable	
	Hides product categories and tags from being displayed on front-end. Only categories/tags marked	
	Accessing via direct link will return an "error 404 / category not found" page.	
	You will need Product Visibility by User Role for WooCommerce Pro plugin to enable this option.	

Met de freemium-versie is het alleen mogelijk om per product aan te geven voor welke klantengroep dit toegankelijk is.

Met de optie **Hide menu items** is het mogelijk dat het navigatiemenu zich aanpast aan een klantgroep. In dat geval heb je de plugin **Nav Menu Roles** niet nodig.

Met de freemium-versie kun je samen met de plugin **Nav Menu Roles** de webshop toegankelijk maken voor klanten op basis van gebruikersrollen. Standaardklanten hebben toegang tot standaardproducten. Speciale klanten hebben na het inloggen toegang tot exclusieve producten en zien extra menu-items.

Producten zichtbaar/onzichtbaar maken voor speciale klanten

Het doel is om alle posters toegankelijk te maken voor klanten in de klant-groep B. Ga naar : **Dashboard > Producten**. Bewerk een **Poster**.

In de rechterkolom is een nieuw onderdeel **Product visibility** toegevoegd.

Met **Visible** kun je aangeven welke klantengroepen toegang hebben tot dit product. Alle andere groepen worden hiermee uitgesloten.

Met **Invisible** kun je aangeven voor welke groepen het product niet toe-gankelijk is. Alle andere groepen krijgen het product wel te zien.

Neem de bovenstaande gegevens over en pas dit toe voor alle andere pos-ters in je webshop.

De categorie **Posters** is alleen te zien voor Customer B.

In de onderstaande afbeelding is te zien wat een speciale klant ziet.

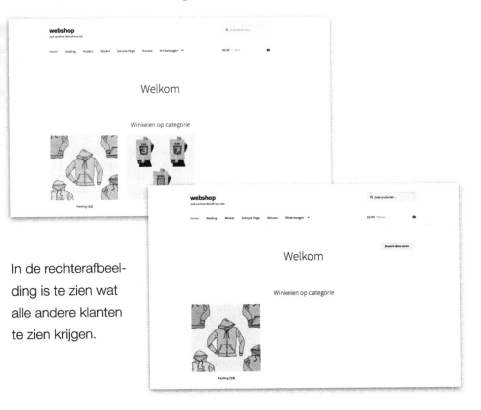

In de rechterafbeelding is te zien wat alle andere klanten te zien krijgen.

Het menu-item **Posters** en de **categorieafbeelding** zijn niet meer opgenomen in de webshop.

Meer informatie, zie: https://wpwham.com/documentation/product-visibility-by-user-role-for-woocommerce.

Samengesteld Product

Als je een combinatie van bestaande producten wilt aanbieden, dan kun je dit doen met behulp van de plugin YITH WooCommerce Product Bundles. Het maken van een bundel is eenvoudig. Maak een bundelproduct en geef aan uit hoeveel producten deze is samengesteld.

Installeren

Ga naar: **Dashboard > Plugins > Nieuwe Plugin**.
Typ in het zoekveld: *YITH WooCommerce Product Bundles*.
Installeer en **Activeer** de plugin.

Gebruik

Ga naar: **Dashboard > Producten > Nieuw toevoegen**.
Geef je product een **Titel** en **Productcategorie**.

Bij **Algemeen** - **Productgegevens** kies je voor **Product Bundle**.

Geef het product een **Standaard prijs** en **Productafbeelding**.

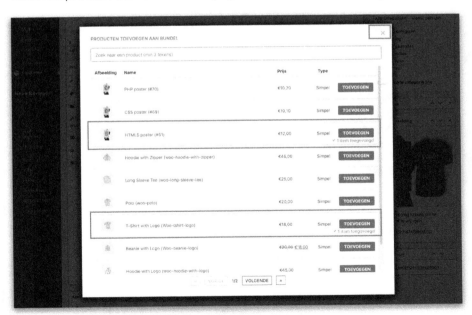

Klik op de knop **PRODUCTEN TOEVOEGEN AAN BUNDEL**

Selecteer een Poster en T-shirt. Daarna het popup-venster sluiten.

Met **Aantal** geef je aan wat de hoeveelheid per product is.

Klik op de knop **Publiceren**. Bekijk de website.

De productpagina laat een overzicht zien.

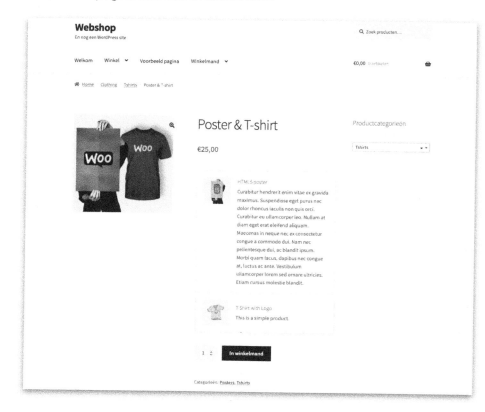

Webshop Teksten Aanpassen

In WooCommerce hebben alle shop-labels en knoppen standaardtekst, zoals *In winkelmand*, *Productbeschrijving*, *Winkelmand bekijken*, *Afrekenen*, enz.

Met deze plugin kun je deze standaardteksten aanpassen.
Daarnaast kun je de indeling van de productenpagina aanpassen.

Installeren

Ga naar: **Dashboard > Plugins > Nieuwe Plugin**.
Typ in het zoekveld: *Customizer for WooCommerce (SkyVerge)*.
Installeer en **Activeer** de plugin.

Gebruik

Ga naar: **Dashboard > WooCommerce > Instellingen**.
Vanuit de tab **Customizer** kun je teksten vervangen.

Zoals je ziet zijn er 4 pagina's die je mag *Customizen:*

Shop Loop | Product Page | Checkout | Misc.

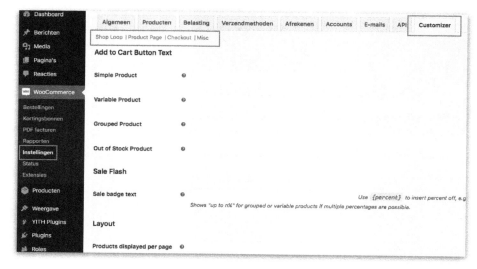

Een aantal onderdelen die je kan aanpassen:

▹ Aantal producten per pagina instellen (standaard 12)

▹ Aantal product-kolommen per pagina instellen (standaard 3)

▹ Knop-tekst *In Winkelmand* aanpassen

▹ Tab-titel lange productomschrijving aanpassen

▹ Inlog-tekst aanpassen

▹ Checkbox Account aanmaken vooraf activeren

▹ Knop-tekst *Bestelling plaatsen* aanpassen

Na het wijzigen, klik op de knop **Wijzigingen opslaan**.

Raster of Lijst

In de meeste webshops heb je de mogelijkheid om producten in een raster of lijstweergave te bekijken. Als deze optie niet aanwezig is in een thema, dan kan dit met behulp van de plugin **WooCommerce Grid / List toggle** worden toegevoegd.

Installeren

Ga naar: **Dashboard > Plugins > Nieuwe Plugin**.

Typ in het zoekveld: *WooCommerce Grid / List toggle (jameskoster)*.

Installeer en **Activeer** de plugin.

Gebruik

De plugin is geactiveerd. Bekijk de website.

Wil je de kleur van de iconen aanpassen, ga dan naar:

Dashboard > Weergave > Customizer

Klik op **Typografie - Kleur link/accent**.

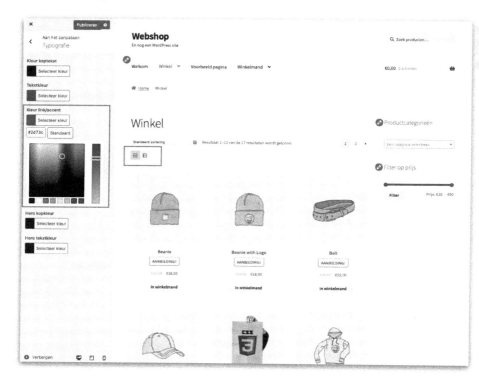

Product Slider

Met een Slider Carousel is het mogelijk om meerdere afbeeldingen op een pagina aan je bezoeker te laten zien. Een bezoeker kan direct vanuit de slider een product bekijken.

Installeren

Ga naar: **Dashboard > Plugins > Nieuwe Plugin**.

Typ in het zoekveld: *YITH WooCommerce Product Slider Carousel*.

Installeer en **Activeer** de plugin.

Gebruik

Ga naar: **Dashboard > YITH > Product Slider Carousel**.

Bij tab **Instellingen** activeer **Weergeef navigatie** en **Weergeef punt navigatie**.

Scroll naar beneden en ga naar **Inhoudsinstelling**.

Geef je slider een **Titel**. Bij **Kies Productcategorie**, selecteer één of meer **Categorieën** (b.v. *Posters*). Kopieer daarna de **Shortcode**: b.v. *[yith_wc_productslider id=98]*. Klik op de knop **Wijzigingen Opslaan**.

Ga naar: **Dashboard > Pagina's**

Klik op *Sample Page*, of een pagina waarin je een slider wil opnemen.

Plak de **Shortcode** in de pagina. Klik daarna op de knop **Bijwerken**.

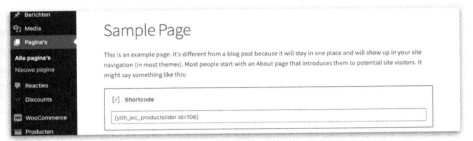

Bekijk de website.

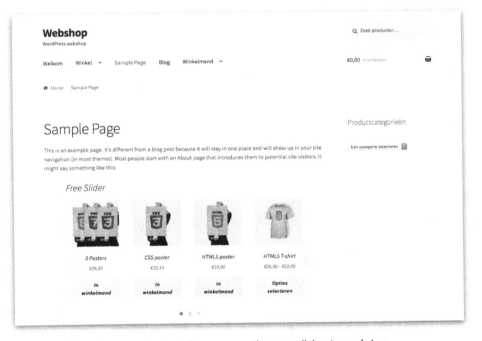

Met een Premium versie heb je meer opties en slider templates.

Meer informatie: https://yithemes.com/themes/plugins/yith-woocommerce-product-slider-carousel

Video in Productpagina

Met de plugin **YITH WooCommerce Featured Video** is het mogelijk om een **Youtube**- of **Vimeo**-video af te spelen op een productpagina. Het voordeel hiervan is dat de video is opgeslagen op een externe server, waardoor de webshop niet wordt belast. Je hebt wel een Youtube- of Vimeo-account nodig om je video te uploaden.

Als je een video op Youtube hebt staan, ga dan naar het tabblad Delen om de link te kopiëren. Bij Vimeo vind je de link onder de knop Delen.

Installeren

Ga naar: **Dashboard > Plugins > Nieuwe Plugin**.

Typ in het zoekveld: *YITH WooCommerce Featured Video*.

Installeer en **Activeer** de plugin.

Gebruik

Ga naar: **Dashboard > Producten**.

Klik op een product die je wil voorzien van een video.

Ga naar: **Productgegevens** - **Algemeen**.

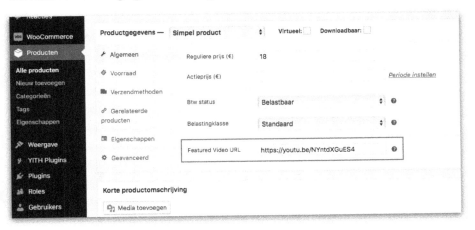

Bij **Featured Video URL** - **Plak** het gekopieerde url adres.

Bekijk de site.

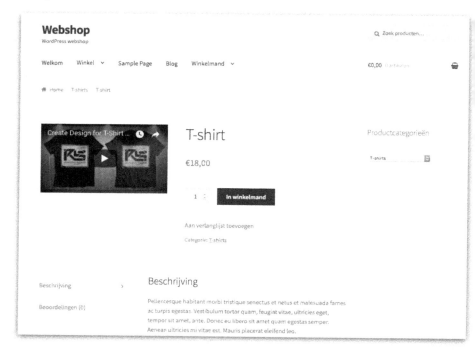

Store Locator

Met de plugin *WP Map Block - Gutenberg Map Block voor Google Map en OpenStreet Map* kun je bezoekers van je site laten zien waar je bedrijf of de verschillende vestigingen zich bevinden.

Deze plugin biedt een eenvoudige gebruikersinterface waarmee je Google Maps kunt toevoegen aan je WordPress site.

Installer

1. Ga naar **Dashboard > Extensies > Nieuwe plugin**.
2. Typ *WP Map Block - Gutenberg Map Block for Google Map and Open-Street Map (by Academy LMS)* in het zoekveld.
3. **Installeer** en **activeer** de plugin

Je hebt geen API-sleutel nodig om Google Maps te gebruiken.

Gebruik

Ga naar Google Maps en ga op zoek naar je winkel / magazijn.

Ga naar de marker en selecteer met je rechtermuisknop de coordinaten. Hiermee wordt deze gekopieerd.

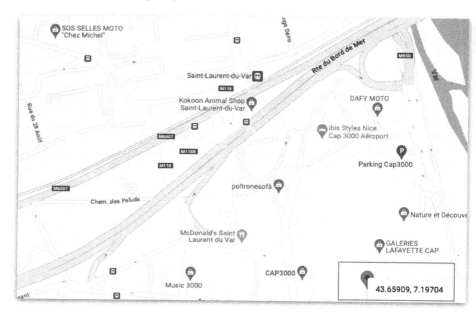

Ga naar **Dashboard > Pagina's > Nieuwe pagina**.

Geef de pagina een titel en plaats het blok **WP Map Block**.

Vanuit pagina-instellingen (rechterkolom) kun je de breedte, hoogte, map, en zoom level instellen. Ga naar **Map Marker** en klik op **Edit**.

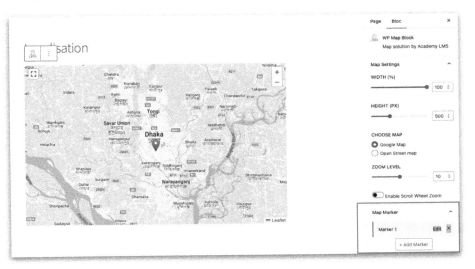

Vanuit het popup-scherm plak je de coordinaten in het juiste veld.

Klik daarna op de knop **Save & Close**.

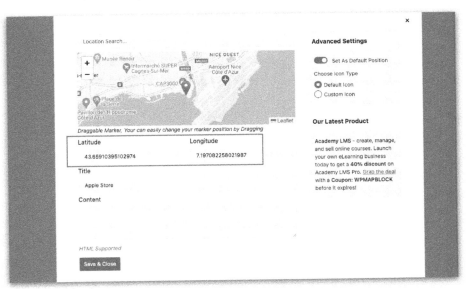

Neem de pagina op in het menu en bekijk de site.

Nieuwsbrief Inschrijfformulier

MailChimp is een online dienst waarmee je nieuwsbrieven kunt maken en versturen naar klantengroepen. Met de plugin **MC4WP: Mailchimp for WordPress** kun je eenvoudig en snel een Mailchimp inschrijf-formulier toevoegen aan een webshop. De plugin wordt onder andere als widget toegepast (zie hoofdstuk Zijbalk - Widgets).

Om gebruik te maken van Mailchimp heb je wel een account nodig. Ga naar **mailchimp.com** om je aan te melden.

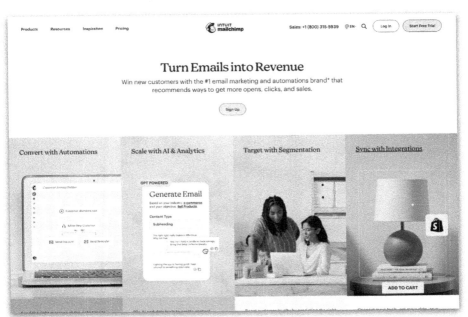

Op de website staat beschreven hoe je gebruik kunt maken van Mailchimp en hoe je nieuwsbrieven kunt maken. In dit boek wordt alleen uitgelegd hoe je de plugin kunt toepassen..

Tijdens het aanmelden wordt een **API**-code en een **nieuwsbrief**- en **abonneelijst** aangemaakt. Je hebt de code en de lijst later nodig in WooCommerce.

Installeren

Ga naar: **Dashboard > Plugins > Nieuwe Plugin**.

Typ in het zoekveld: *MC4WP: Mailchimp for WordPress*.

Installeer en **Activeer** de plugin.

Gebruik

Ga naar: **Dashboard > MC4WP**. Bij **API Key** - Je Mailchimp API code.

Klik daarna op de knop **Save Changes**.

Status is **CONNECTED**.

Bij **Renew Mailchimp lists** wordt een subscribe list(s) zichtbaar.

Daarna ga je een aanmeldformulier maken.

Ga naar: **Dashboard > MC4WP > Formulier.**

Geef je formulier een **Naam** en selecteer je subscribe list.

Klik op **Nieuw formulier toevoegen**.

De subscribe list genereert diverse **Lijstvelden**. In dit geval is maar één veld beschikbaar. Een Lijst- en Formulierveld is opgenomen in het voorbeeld. Het is mogelijk om een aanmeldformulier op te nemen in een pagina. Hiervoor kun je de **shortcode** gebruiken. In dit hoofdstuk plaatsen we een aanmeldformulier in een widget-zijbalk.

Klik daarna op de knop **Wijzigingen opslaan**.

Toepassen

Ga naar: **Weergave > Widgets**.

Plaats het blok **Mailchimp for WordPress** in de zijbalk - **Zijbalk**.

Gebruik als titel **Aanmelden Nieuwsbrief**.

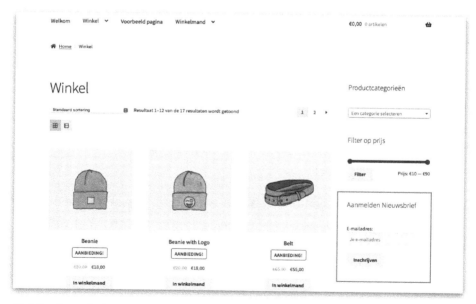

Bekijk de webshop. Meer info: https://www.mc4wp.com/kb.

Onderhoudsmodus

Wanneer je kortingen in het systeem wilt invoeren, gebruikersrollen wilt aanpassen of prijzen wilt wijzigen, is het handig om de webshop tijdelijk in de onderhoudsmodus te zetten. Als je klaar bent met het wijzigen van het systeem, is de webshop met één klik op de knop weer bereikbaar.

Met WooCommerce versie 9.1 is het mogelijkheid om de webshop te deactiveren. Een plugin is hiervoor niet meer nodig.

Om gebruik te maken van deze instelling ga naar:

Dashboard > WooCommerce > Instellingen > Site zichtbaarheid.

Of klik op **Winkel binnenkort beschikbaar** (linksboven).

Met de optie **Alleen op winkelpagina's toepassen** heeft een bezoeker geen toegang tot de winkel en krijgt het onderstaande te zien.

Selecteer **Live** en klik daarna op **Wijzigingen opslaan** om de webshop toegankelijk te maken voor het publiek.

Pagina aanpassen

De onderhouds-template is volledig aanpasbaar. Om de onderhoudspagina te kunnen bewerken, moet er een **blokthema** actief zijn op je site.

Activeer een blokthema, b.v. **Twenty Twenty-four** en ga naar **Dashboard Weergave > Editor > Templates > WooCommerce > Binnenkort beschikbaar**.

Pas de tekst aan en klik op **Opslaan**.

Activeer daarna het thema **Storefront**.

Tot Slot

Na het lezen van dit boek heb je voldoende kennis opgedaan om zelfstandig WordPress bij een webhost te installeren. Met WooCommerce heb je van WordPress een webshop gemaakt. Daarna heb je geleerd hoe je een webshop kunt voorzien van een thema. Je hebt geleerd hoe je een webshop kunt configureren, hoe je eenvoudige, variabele en zelfs gebundelde producten kunt toevoegen. Dankzij een PSP-plugin is het mogelijk om te betalen met iDEAL en Bancontact. Met extra plugins heb je meer functionaliteit toegevoegd aan de webshop, zodat deze voldoet aan je wensen.

Zoals je misschien al hebt gemerkt, zijn er veel WordPress- en WooCommerce-plugins beschikbaar. Dit maakt WordPress in combinatie met WooCommerce veelzijdig en succesvol. De kosten van plugins zijn te overzien en maken van de webshop een toegankelijke, functionele en gebruiksvriendelijke site.

Ik wil je nog een laatste tip geven voordat je begint aan je eigen webshop: denk goed na voordat je een webshop gaat opzetten. Wat voor webshop ga je eigenlijk maken? Is het een webshop voor particulieren of voor de zakelijke markt? Wil je BTW wel of niet vertonen op de site? Hoe ga je de producten onderverdelen? Welk thema ga je hiervoor gebruiken en welke extra functionaliteit wil je toevoegen? Hoeveel producten heb je om te verkopen? Ga je deze handmatig invoeren of liever importeren?

Zet al deze informatie eerst op een rij voordat je begint. Een goede voorbereiding is het halve werk.

Wil je meer weten over WooCommerce, thema's en plugins ga dan naar de documentatie pagina: http://docs.woothemes.com

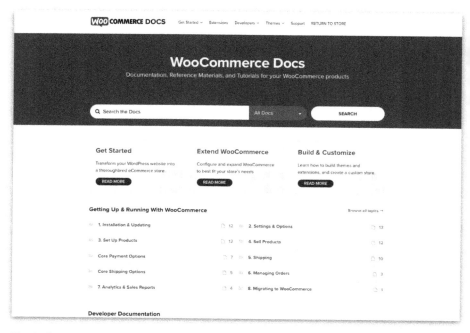

Zoals ik aan het begin van dit boek heb vermeld, is dit boek praktisch en direct toepasbaar. Ik hoop dat ik je een solide basis heb gegeven.

Ik wens je veel succes en plezier met WordPress en WooCommerce!

WordPress Informatie:

wordpress.org

nl.forums.wordpress.org

wordpress.startpagina.nl

Over de Schrijver

Roy Sahupala, multimedia-specialist

"Multimedia-specialist is maar een titel. Naast het maken van multimedia-producten geef ik al meer dan 26 jaar webdesign-training en blijf ik het leuk vinden als mensen enthousiast worden doordat ze in een korte tijd veel meer kunnen dan ze vooraf voor mogelijk hielden."

Na zijn opleiding industriële vormgeving, is Roy opgeleid als multimedia-specialist. Daarna is hij werkzaam geweest bij verschillende multimedia-bureaus. Sinds 2000 is hij gestart met zijn bedrijf WJAC, With Jazz and Conversations. WJAC levert multimediaproducten voor zeer uiteenlopende klanten en reclamebureaus.

Vanaf 2001 is Roy naast zijn werkzaamheden ook actief als trainer en heeft in samenwerking met verschillende internet opleidingen diverse webdesign trainingen opgezet.

WordPress boeken geschreven door Roy Sahupala:

boekenbestellen.nl/auteurs/roy-sahupala

www.ingramcontent.com/pod-product-compliance
Lightning Source LLC
Chambersburg PA
CBHW031238050326
40690CB00007B/858